Medienwissen kompakt

Reihe herausgegeben von
Klaus Beck, Lehrstuhl für
Kommunikationswissenschaft
Universität Greifswald
Greifswald, Deutschland

Gunter Reus, Institut für Journalistik
Hochschule für Musik, Theater & Medien
Institut für Journalistik
Hannover, Deutschland

Die Reihe Medienwissen kompakt greift aktuelle Fragen rund um Medien, Kommunikation, Journalismus und Öffentlichkeit auf und beleuchtet sie in eingängiger und knapper Form aus der Sicht der Publizistik- und Kommunikationswissenschaft. Die Bände richten sich an interessierte Laien ohne spezielle Fachkenntnisse sowie an Studierende anderer Sozial- und Geisteswissenschaften. Ausgewiesene Experten geben fundierte Antworten und stellen Befunde ihres Forschungsgebietes vor. Das Besondere daran ist: sie tun es in einer Sprache, die leicht, lebendig und jedermann verständlich sein soll. Mit einer möglichst alltagsnahen Darstellung folgen Herausgeber und Autoren dem alten publizistischen Ideal, möglichst alle Leser zu erreichen. Deshalb verzichten wir auch auf einige Standards „akademischen" Schreibens und folgen stattdessen journalistischen Standards: In den Bänden dieser Reihe finden sich weder Fußnoten mit Anmerkungen noch detaillierte Quellenbelege bei Zitaten und Verweisen. Wie im Qualitätsjournalismus üblich, sind alle Zitate und Quellen selbstverständlich geprüft und können jederzeit nachgewiesen werden. Doch tauchen Belege mit Band- und Seitenangaben um der leichten Lesbarkeit willen nur in Ausnahmefällen im Text auf.

Gunter Reus

Medien und Kultur

Gunter Reus
Institut für Journalistik und Kommunikationsforschung
Hochschule für Musik, Theater und Medien Hannover
Hannover, Deutschland

ISSN 2625-1469 ISSN 2625-1477 (electronic)
Medienwissen kompakt
ISBN 978-3-658-44087-9 ISBN 978-3-658-44088-6 (eBook)
https://doi.org/10.1007/978-3-658-44088-6

Die Deutsche Nationalbibliothek verzeichnet diese Publikation in der Deutschen Nationalbibliografie; detaillierte bibliografische Daten sind im Internet über https://portal.dnb.de abrufbar.

Planung/Lektorat: Barbara Emig-Roller
Springer VS ist ein Imprint der eingetragenen Gesellschaft Springer Fachmedien Wiesbaden GmbH und ist ein Teil von Springer Nature.
Die Anschrift der Gesellschaft ist: Abraham-Lincoln-Str. 46, 65189 Wiesbaden, Germany

Wenn Sie dieses Produkt entsorgen, geben Sie das Papier bitte zum Recycling.

„*Denn was ist Kultur, was ist sie anderes
als dieses: zu wissen, daß das etwas ist: herumgehen, reden,
essen; Scheu vor dem Alltäglichen haben
als vor dem Göttlichen …*"

(Hugo von Hofmannsthal)

Inhaltsverzeichnis

1

Einstieg: Ein besonderes Verhältnis

Zusammenfassung Auch wenn der Begriff „Kultur" jedem leicht von den Lippen geht, fällt es schwer, genau zu sagen, was damit eigentlich gemeint ist. Ein Klärungsversuch soll deshalb in dieses Buch einführen. Dabei folgen wir einem weiten Kulturverständnis, in das wir die Massenmedien mit ihrer Aufgabe der zivilisatorischen Selbstbeobachtung und Selbstkritik einbetten.

Für manche scheint das unvereinbar zu sein: *Medien*, die profane, geschwätzig knatternde und alles übertönende Nachrichtenmaschine, und *Kultur*, Ausdruck des Nicht-Profanen, des Erhabenen und bedeutungsvoll Erzählenden.

Wer so denkt, sieht in Kultur und der zivilen Organisation des Alltags feindliche, ungleiche Geschwister – was in der deutschen Geistesgeschichte mehr als in anderen Ländern Tradition hat. Kultur gilt hierzulande immer wieder als Inbegriff des Edlen, Schönen und Geistvollen. Zivilisation ist dagegen nur ihre seelenlos verarmte und verding-

© Der/die Autor(en), exklusiv lizenziert an Springer Fachmedien Wiesbaden GmbH, ein Teil von Springer Nature 2024
G. Reus, *Medien und Kultur*, Medienwissen kompakt,
https://doi.org/10.1007/978-3-658-44088-6_1

lichte Bedrohung. In dieser Denkweise sind die Gesellschaft und ihre schöpferischen Ausdrucksformen dem Diktat der kommerziellen Massenmedien unterworfen. So sahen und sehen linke Denker im Gefolge Theodor W. Adornos das ästhetische Streben des Menschen durch die „Kulturindustrie"[1] und ihre Massenmedien hinabgezogen ins Billige und Affirmative, in die sinnentleerten Niederungen der Unterhaltungswelt und des Profitstrebens.

Aber häufiger noch raunten und raunen in Deutschland rechte Kultur- und Medienkritiker vom Niedergang: Zivilisation, Aufklärung und Fortschrittswahn hätten die ursprünglichen Werte des Menschseins zerstört; schnöde Information sei an die Stelle alten Wissens und Weltzaubers getreten.

Es ist das Lamento vieler Intellektueller, die selbst natürlich gern ganz oben auf dem Gipfel der Kultur posieren und sich deshalb, was nach ihrem Aufstieg kommt, nur noch als Abstieg vorstellen können. Beispiele vom Niedergang halten sie allzeit bereit, selbst wenn sie unhaltbar sind: Da ist die Klage, Quotendenken dränge das Feuilleton der Zeitungen und Kultursendungen im Rundfunk immer weiter in die Bedeutungslosigkeit. Da ist die Klage über den Sprach- und Sittenverfall im Medienzeitalter, über die Kapitulation der „E-Kultur" mit ihren Schauspielhäusern und Sinfonieorchestern, über den Verlust von Sinn und Form im Dauerzirkus geistloser Quiz-, Talk- und Kochsendungen im Fernsehen oder primitiver Netflix-Serien im Internet.

Die meisten dieser Unkenrufe lassen sich leicht entkräften. Das Feuilleton etwa (wir kommen in diesem Band darauf zurück) ist mitnichten auf dem Rückzug. Erscheinungsformen der sogenannten U-Kultur, es ist wahr,

---

[1] Die wichtigsten Fachbegriffe in diesem Text werden in einem Glossar am Ende des Buches erläutert.

sind allgegenwärtig, aber deshalb nicht a priori „billig", und die E-Kultur hat keineswegs vor ihnen kapituliert. Von einem Sprachverfall, an dem die Massenmedien Schuld trügen, kann keine Rede sein.[2] Und über die Qualität von Netflix-Serien oder den Reiz von Kochsendungen lässt sich trefflich streiten.

Verbreitet ist aber nicht nur intellektuelle Medienschelte. Auch das Kontrastbild ist unübersehbar: die bedingungslose Lobpreisung einer multimedialen Pop- und Netzkultur, die alles Digitale per se als Fortschritt empfindet, den Schauspielhäusern und Sinfonieorchestern aber nur noch misstraut. Das findet Widerhall in einer Mediennutzung, die millionenfach auf Erhabenheit und stille Größe gut verzichten kann.

Kultur und Medien – ein besonderes Verhältnis. Es ruft nach sachlicher Einordnung. Die Eigenheiten und Leistungen dieser Symbiose sind ruhig auszuleuchten, denn Symbiose ist es allemal. Dabei interessiert uns vor allem die Rolle der *Massenmedien*. Sie stehen in diesem Band im Mittelpunkt.

Weite und Enge des Kulturbegriffs

Was ist Kultur? Vor allem ist sie schwer zu definieren. Der Begriff, so schreibt der britische Literaturwissenschaftler Terry Eagleton, berge in sich den langen Weg der Menschheit „von der Schweinezucht zu Picasso". Tatsächlich verweist das lateinische Wort „colere" auf die landwirtschaftlichen Ursprünge, auf das Bearbeiten und Kultivieren des Bodens, um der Natur systematisch abzugewinnen, was der Mensch zum Leben braucht. Für die Römer schließt „cul-

---

[2] Siehe dazu auch den Band *Sprache in den Medien* von Gunter Reus in unserer Reihe „Medienwissen kompakt".

tura" aber auch schon alles ein, was der Mensch an leiblichen, geistigen oder sittlichen Fähigkeiten im Ringen mit der Natur entwickelt – kurz: was ihn zum zivilen Wesen macht.

Daran knüpft die europäische Aufklärung an und setzt im 18. Jahrhundert Kultur und Zivilisation gleich. Kultur steht seitdem also für geistige Werte wie für soziale Errungenschaften und technische Erfindungen, für wissenschaftliche Neuerungen wie für künstlerische Leistungen, für Traditionen und Bräuche wie für Umgangs- und Verhaltensformen einer Gesellschaft. Diese Weite des Begriffs lebt im Kulturverständnis der modernen Sozialwissenschaften ebenso fort wie in unserem Wortschatz, wenn wir von fremden Kulturen oder politischer Kultur, von Gesprächskultur oder Unkultur, von Unternehmenskultur, Fehlerkultur, Fahrkultur oder Esskultur sprechen, wenn wir beim Feierabendbier über Kneipenkultur räsonieren oder beim Kofferpacken den Kulturbeutel aus dem Schrank holen. An Gedenktagen erinnern sich Politiker gern an die Erinnerungskultur, bei Willkommensveranstaltungen für Geflüchtete an die Willkommenskultur. Friedrich Merz schwadronierte von der deutschen Leitkultur. Eiferer der Political Correctness machten beim Anblick der Dreadlocks einer weißen Sängerin in Hannover die „kulturelle Aneignung" zum Skandalon. Und während der Corona-Pandemie modelte ein besonders kreativer Kopf den Begriff der Massenkultur gar zur „Maskenkultur" um.

Im 19. Jahrhundert entsteht in der Auseinandersetzung mit weiter entwickelten Gesellschaften wie der Frankreichs oder Englands allerdings auch eine Gegenbewegung. Die deutsche Romantik setzt Kultur nicht mehr mit Zivilisation gleich, sondern löst sie nachgerade von ihr ab. Zivilisation gilt nun als die bloß äußere, bloß materiell geprägte gesellschaftliche Verfasstheit des eleganten Scheins – Kultur dagegen zielt auf das „Wesen" eines (des eigenen) Volkes, auf das Geistige als vermeintlich höherwertiges inneres

Wertesystem. Dem entspricht im Land der Dichter und Denker eine Verschiebung des Kulturbegriffs auf die Künste. Die Wörter Kunst und Kultur verschmelzen hierzulande nachgerade zu *einem* Begriff und werden auch heute noch bei jeder Aufzählung von Fachgebieten reflexhaft miteinander verkoppelt. Die Folge ist, dass die Werke künstlerischer Eliten in der intellektuellen Wertschätzung weit über alltagskulturellen Ausdrucksformen wie Mode, Technik oder Wohnen rangieren.

Fragt man die Bevölkerung, was sie unter Kultur verstehe, wird dieses historisch gewachsene Nebeneinander eines weiten und zugleich engen Kulturbegriffs deutlich. So gab die ZDF-Medienforschung 2004 eine Studie zum Kulturverständnis in West- und Ostdeutschland in Auftrag. Gruppendiskussionen mit Workshops in vier Großstädten förderten zutage, dass die Befragten theoretisch zwar nahezu alle Lebensbereiche (Wohnen, Ernährung, Design und Ähnliches) in ihren Kulturbegriff einbezogen. In ihrer eigenen kulturellen Praxis und Freizeitgestaltung aber gaben sie der Suche nach dem „Schönen" und nach „klassischen kulturellen Angeboten" den Vorzug.

Eine Studie des Freizeitforschers Horst Opaschowski ergab 2003, dass das Kulturverständnis jüngerer Befragter weit stärker an populären Events orientiert ist als das älterer Menschen, die das klassische Theater- oder Museumspublikum bilden. Aber Kultur war auch für die Jüngeren vor allem Musik oder Film, also Kunstkultur, wenn auch in Form von Unterhaltungskunst.

Auskunft über das hierzulande vorherrschende Kulturverständnis gibt auch die Themenauswahl der Medien. In einer Inhaltsanalyse untersuchten wir in Hannover, welche Sachgebiete Zeitungsredaktionen zwischen 1983 und 2011 auf ihren Feuilletonseiten als „Kultur" präsentierten. Zum letzten Zeitpunkt der Messung erreichten allein die vier Gegenstände Theater, Musik, Literatur und Bildende Kunst einen Anteil von fast 70 % an allen Themen im Kulturteil. Film kam auf 10 %, der Rest blieb übrig für Sonstiges wie politische Kultur oder Alltagskultur.

In diesem Buch betrachten wir die Kultur aus einer sozialwissenschaftlichen Perspektive, die die Künste prominent berücksichtigt, aber auch zivilisatorische und Alltagsphänomene einbezieht. *Kultur umfasst demnach alle Lebensäußerungen, Praktiken und Gebräuche, mit denen Einzelne oder Teilgruppen der Gesellschaft ihre Umwelt – sei es schöpferisch oder habituell – gestalten und sich anderen darüber symbolisch mitteilen.*

Medien als Träger von Kultur

Wenn Kultur die Mitteilung von Symbolen und Zeichen ist, dann braucht sie Träger, die diese Zeicheninhalte überbringen, sie (kritisch) einordnen und begleiten, also selbst eine Kulturleistung erbringen und somit selbst zu Kultur werden. Diese Träger sind die Massenmedien.

Es liegt daher nahe, wenn der Medienwissenschaftler Werner Faulstich die Anfänge der Medien mit denen der Kulturgeschichte gleichsetzt. Faulstich beginnt bei den „Menschmedien" der Vor- und Frühgeschichte, den Opfer- und Fruchtbarkeitsritualen oder den bemalten Höhlenwänden in Lascaux und Altamira, die als eine Art steinzeitlicher Zeichenspeicher dienten. Er spannt den Bogen weiter über die frühen Hochkulturen (Pyramiden, Skulpturen, erste Schriftmedien), die Antike mit ihren Brief- und Buchmedien, mit Tanz und Theater, bis hin zu den Festen, Predigern, Spielleuten und Vaganten des Mittelalters.

Diese frühen Medien übermitteln durchaus schon Nachrichten, zum Beispiel auf Grabinschriften, auf Stelen oder in Briefen. In lokal begrenztem Umfang stellen sie, oft auf unterhaltsame Weise, auch eine Teilöffentlichkeit her, wie das griechische Marktplatztheater, die Rhapsoden der Antike oder die fahrenden Sänger des Mittelalters. Aber sie alle sorgen, mit wenigen Ausnahmen, noch nicht für Aktualität im heutigen Sinne. Eher vermitteln sie Botschaften von überzeitlicher Relevanz: Sie lobpreisen imperiale Größe, sprechen von der Macht der Natur, dialogisieren mit der Welt der Götter, erzählen Heldenepen oder halten Wissen, Moral und Verhaltensregeln in frühen Büchern und Kodizes fest.

Erst das Zusammenspiel von technischen, wirtschaftlichen und sozialen Veränderungen am Ausgang des Mittelalters und zu Beginn der Neuzeit ermöglicht eine bis dahin ungekannte Aktualität des Nachrichtenwesens. Das neue Druckverfahren Johannes Gutenbergs führt nachgerade zu einem Gründerboom in allen Sektoren der sogenannten Schwarzen Kunst. Information ist in der Folgezeit leichter, billiger und auch immer schneller zu haben. Das Geschäft mit den neuen Massenmedien professionalisiert sich im Frühkapitalismus. Im 16. Jahrhundert zerbricht in Europa die Einheit der Kirche; im Protestantismus entsteht eine Gegenöffentlichkeit, die die neuen Flugmedien und -schriften für eine umwälzende Kritik an den sozialen und geistigen Zuständen der Zeit zu nutzen weiß. Für Neuigkeiten aus fremden Ländern sorgt der Informationsfluss in Wirtschaft und Handel. Er begünstigt die periodische Versorgung mit Nachrichten, die für die vom 18. Jahrhundert an rasant zunehmende Bevölkerung immer wichtiger werden.

Erst jetzt wird eine feinere, kritische Spiegelung und Beobachtung sozialer Zusammenhänge möglich. Die professionelle Mitteilung wird als Prozess der gesellschaftlichen Selbstbeobachtung zur kulturellen Leistung. Über Medien vertreten die Teilgruppen der Gesellschaft ihre Interessen gegen- und miteinander und halten auf diese Weise das soziale Gefüge zusammen. Und die Intervalle der technisch-publizistischen Innovationen verkürzen sich ununterbrochen. Immer aktueller werden so die Nachrichten, immer größer gerät der Personenkreis, der sich mit Nachrichten erreichen lässt – von den Flugblättern des späten Mittelalters über die ersten Wochen- und Tageszeitungen des 17. Jahrhunderts, die „gelehrten" und „moralischen" Zeitschriften des 18. Jahrhunderts, über Telegraf, Fotografie, Film, Radio und Fernsehen bis hin zu den digitalen Medien der Gegenwart.

Man mag in der Verbreitung von Wissen und Information eine Entzauberung der Welt sehen, man mag das Kommerzdenken geißeln, das mit der Professionalisierung von Information auch einhergeht. Und natürlich darf man die Schäden und Fehlleistungen nicht übersehen, die das Informationswesen mit sich bringt. Medien verbreiten, unbewusst oder aus Kalkül, auch Falschmeldungen, sie organisieren Ressentiments, begünstigen Vorurteile. Sie verkaufen auch Waren und keineswegs nur Wahrheiten. Beispiele für die dunklen Seiten des Prinzips der Öffentlichkeit lassen sich aus allen Jahrhunderten zur Genüge aufzählen. Gleichwohl besteht keine Alternative zu diesem Prinzip, das der Herstellung allseitiger Transparenz dient. Nur so ist es möglich, in modernen Massengesellschaften Partikularinteressen auszubalancieren, Egoismen und Machtstreben zurückzudrängen und sich immer wieder auf ein Gemeinwohl zu besinnen, das allen größtmögliche Freiheit und Gerechtigkeit garantiert.

Diese Selbstbesinnung goss der Vormärz-Autor Robert Prutz in eine einprägsame Metapher, als er 1845 seine *Geschichte des deutschen Journalismus* veröffentlichte. „Der Journalismus", so schrieb er darin, „stellt sich als das Selbstgespräch dar, welches die Zeit über sich selber führt. Er ist die tägliche Selbstkritik, (…) das Tagebuch gleichsam, in welches sie ihre laufende Geschichte in unmittelbaren, augenblicklichen Notizen einträgt."

Die Tagebuch-Metapher lässt sich vom Journalismus auch auf Medieninhalte insgesamt übertragen. Selbstbeobachtung und Selbstkritik der Gesellschaft, Verbreitung von Wissen und Bildung, Kontrolle und Ausbalancierung von Einzelinteressen im Auftrag der Öffentlichkeit, aktuell, unabhängig und im Idealfall unbestechlich, aber auch kreativ durch Elemente der Unterhaltung und durch eigene künstlerische Ausdrucksformen – eben darin besteht der Beitrag der Massenmedien zur Kultur. Ihm gilt im Folgenden unser kleiner Rundgang.

2

Aufbau des Bandes

Ein Leben ohne Medien ist in modernen Gesellschaften kaum vorstellbar. Diese mediale Allgegenwart empfinden viele Menschen aber auch als erdrückend oder gar bedrohlich. „Die" Medien werden dann rasch zu einer dunklen Gegenmacht, die den Menschen umklammert, ihn in seiner Individualität einschränkt und in seinen Bedürfnissen wie seinem Denken zu manipulieren versucht. Bei allen Schattenseiten der Massenmedien und bei aller notwendigen Medienkritik erscheint es deshalb wichtig, an die emanzipatorische Leistung zu erinnern, die sie zum Fundament eines freien Gemeinwesens macht.

Um diese spezfische Kulturleistung geht es in den drei Hauptteilen dieses Buches. Das folgende **dritte Kapitel** rückt die innovative Kraft der Medien in den Vordergrund. *Medien sind Kultur* und sie bringen Kultur hervor. Ohne sie wäre es nicht möglich (gewesen), der Menschheit soziale und natürliche Phänomene zu erschließen, Menschen über sich selbst ins Bild zu setzen und sie über alles Trennende

G. Reus, *Medien und Kultur*, Medienwissen kompakt, https://doi.org/10.1007/978-3-658-44088-6_2

hinweg miteinander zu verbinden. Nach und nach haben die Massenmedien zur Welterkundung beigetragen, gesellschaftliche Zusammenhänge erklärt, eine öffentliche Kontrolle dieser Zusammenhänge ermöglicht und durch Kommunikation Demokratie begründet.

Die dabei entwickelten technischen Errungenschaften (Druck, Funk, Fotografie, Film oder Digitalisierung) wurden selbst zu kulturellen Leistungen. Im Journalismus haben sie wiederum zur Etablierung bestimmter Kulturtechniken geführt, die jedermann im Alltag dienlich sind. Dazu zählen Textformen wie Interview, Bericht oder Blog, zählen die Hoch- und Schriftsprache allgemein, Verfahren der Informationsbeschaffung oder Formen der Kritik. Mit diesem kulturellen Eigenwert der Medien und ihrem Angebot der Welterfahrung ist freilich auch die Möglichkeit entstanden, eine andere Realität – eine Medienrealität – zu konstruieren. Was wir medial erfahren, bestimmt unsere Vorstellung von Wirklichkeit, und die kann von der tatsächlichen Wirklichkeit erheblich abweichen. Die „Medialisierung" der Gesellschaft kann dazu führen, dass wir der Logik der Massenmedien unterworfen sind, statt sie uns umgekehrt als Instrumente der Welterkenntnis nutzbar zu machen. Auch um solche Medienwirkungen geht es im dritten Kapitel.

Mit den Kulturtechniken der Informationsvermittlung, die die Massenmedien hervorgebracht haben, gelangen wir im **vierten Kapitel** zur nächsten Ebene ihrer Kulturleistung. *Medien verbreiten Kultur.* Sie verhelfen dem Menschen zu eben dem, was in jüngster Zeit in einem bizarren Diskurs begrifflich unsinnig verzerrt wurde – zu kultureller Aneignung. Denn darum geht es: Massenmedien machen Kultur (eigene wie fremde) greifbar und zugänglich für alle. Sie tun es, wenn sie die Lebensäußerungen, Praktiken und Gebräuche der Gesellschaft oder anderer „Kulturen" einfangen, dokumentieren, weitergeben und damit auch als Muster vorhalten.

Massenmedien übertragen und dokumentieren politisches oder wirtschaftliches Geschehen ebenso wie Sport, Unterhaltungsshows oder die Künste. In der Verbreitung künstlerischer und unterhaltender Ausdrucksformen wie Musik oder Film liegt ihre besondere Stärke. Dabei haben sie auch eigene Formate entwickelt wie das Hörspiel oder Videospiele, und sie haben eigene Einrichtungen geschaffen wie die Rundfunkorchester.

Für die Vielfalt des Angebots soll vor allem der öffentlich-rechtliche Rundfunk sorgen, dem die Rechtsprechung sogar einen speziellen „Kulturauftrag" auferlegt hat. Das ist von besonderer Bedeutung, denn die unterschiedlichen kulturellen Angebote in den öffentlich-rechtlichen und den privaten Medien tragen erheblich zur unterschiedlichen „Kultivierung" von Einzelpersonen und Gruppen bei, das heißt zur Ausbildung von festen Anschauungen und Überzeugungen. In pluralen Gesellschaften bilden sich durch die unterschiedlichen Aneignungsformen von Kultur unterschiedliche Publikumssegmente und Identitätsmodelle. Vorlieben und Geschmack (etwa in der Musik) kristallisieren zu diversen Lebensstilen, zu denen auch „Subkulturen" gehören. Mit solchen Aneignungsphänomenen, die wir in Kapitel vier streifen werden, beschäftigen sich verstärkt die „Cultural Studies".

Medien bringen nicht nur Kultur hervor und verbreiten sie, sondern *sie berichten auch kritisch über Kultur.* Sie tun es, dem weiten Kulturbegriff entsprechend, den wir zugrunde legen, auf allen Themengebieten und in allen Ressorts. Die kritische Begleitung von Akteuren und Ereignissen in der Gesellschaft insgesamt, um die es im **fünften Kapitel** geht, ist ein Wesenselement des Journalismus. Als Kampf um die freie Entfaltung humaner Möglichkeiten hat sie (trotz aller Medienskandale und publizistischen Entgleisungen) seine Geschichte über Jahrhunderte hinweg geprägt. Eine mediengeschichtlich besondere Spielart dieser kritischen Begleitung bildet das Feuilleton. Ihm gilt daher, in seiner Entstehung und in seinem aktuellen Zustand, ein besonderer Schwerpunkt in diesem Kapitel.

Im Internet ist dem Feuilleton freilich ein Konkurrent entstanden – und nicht nur ihm. Klassische Medien haben insgesamt ihr Monopol als Wissensspeicher und -vermittler längst verloren. *Kultur im Netz* hat erhebliche *Wandlungsprozesse* mit sich gebracht und die Möglichkeiten der Interaktion wie der gesellschaftlichen Selbstbeobachtung in Netzwerken, Blogs und auf individuellen Plattformen grundlegend verändert. Das hat seine guten wie seine schlechten Seiten. Noch nie zuvor waren „Kultur" und „Wissen" für alle so leicht zugänglich wie heute. Noch nie zuvor hatte jede und jeder die Möglichkeit, sich selbst zu informieren, aber auch andere über jedes beliebige Geschehen öffentlich zu unterrichten. Nie zuvor konnte jeder und jede politische Handlungen und soziale Ereignisse derart leicht öffentlich kommentieren oder Kunstwerke rezensieren. Zugleich eröffnet das Netz jedem Individuum ungeahnte Möglichkeiten, ästhetische Fähigkeiten zu erproben und eigene Lebensäußerungen anderen symbolisch mitzuteilen.

Die scheinbar grenzenlose Ausweitung kultureller Möglichkeiten führt allerdings rasch an neue Grenzen. Das laienhafte Rezensions- und Kommentarwesen kann die Standards einer professionellen Kritik nicht ersetzen. Kreativität im Netz ist leicht zu steuern und zu missbrauchen. Und das ungehemmte, nicht mehr durch professionelle Kommunikatoren gefilterte Kommentieren sozialer Geschehnisse führt mit seinen rhetorischen Auswüchsen, mit Schmähungen und Hasstiraden allzu leicht vom festen Grund der Kultur auf den Schlammboden der Unkultur. Abschließende Gedanken dazu enthält das **sechste Kapitel**, bevor ein Fazit, Literaturhinweise und ein Glossar das Buch beschließen.

3

Medien sind Kultur

Zusammenfassung Medien und Kultur sind seit Anbeginn der Menschheit aneinandergekoppelt. Beide bestehen aus Kommunikation. Erst in der Neuzeit aber entwickeln sich mit der Verbreitung des Drucks aktuell informierende Massenmedien, die die Grenzen von Raum und Zeit überwinden. Sie werden selbst zu Kulturinstitutionen, die das Wissen, die Weltsicht und den Alltag der Menschheit nachhaltig verändern. Damit verbunden ist das nicht unproblematische Phänomen der Medialisierung der Gesellschaft: Medien richten gesellschaftliche Vorgänge zunehmend auf ihre eigenen Bedürfnisse aus.

War es der Rhythmus des eigenen Herzschlags, der die Jungen ums Feuer springen und so den Tanz entdecken ließ? Oder war es das Feuer? War es das Spiel mit dem Feuer? War es der Stein, den die Männer eines Tages zum Werkzeug schärften und mit dem die Frauen das tote Tier zer-

G. Reus, *Medien und Kultur*, Medienwissen kompakt, https://doi.org/10.1007/978-3-658-44088-6_3

legten? War es die erste Pflanzung, die gelang? War es der erste Ton, den ein Mädchen aus dem hohlen Tierknochen blies? War es der rituelle Kniefall, das Murmeln der Alten, als der Berg am Morgen mit Schnee bedeckt war?

Der genaue Ursprung der Kultur liegt ebenso im Dunkeln wie der Ursprung der Menschheit. Sicher aber ist: Von Beginn an hat Kultur mit Fertigkeiten und Austausch, mit Zeichen, Gemeinsamkeit und Kommunikation der Menschen zu tun. Ihre Medien waren die Zusammenkunft, das Ritual, der Priester. Über Jahrtausende hinweg blieb das, was sich die Menschen mitzuteilen hatten, allerdings auf den unmittelbaren Lebensraum begrenzt – auf den eigenen Boden, das eigene Dorf, die eigene Stadt. Hilfsmittel, die die Grenzen der Nachrichtenübermittlung sprengten, gab es kaum. Die Kommunikationswissenschaftlerin Philomene Schönhagen nennt diese ausgedehnte frühe Periode, in der ein Austausch von Wissen an persönliche Präsenz gebunden war, die Zeit der „Versammlungskommunikation".

Im eigenen Umfeld also stritt man, entdeckte und beschloss Neues, richtete sich den Alltag ein. Was darüber hinaus in der Welt vor sich ging, blieb den allermeisten Menschen bis in die Neuzeit hinein schlicht verborgen. In den frühen Hochkulturen und der europäischen Antike kamen zwar neue Medien hinzu, Steintafeln, Inschriften, prunkvolle Grabstätten, Skulpturen, Wandbilder, Tempel und Paläste als Zeichen von Macht und Größe. Doch den meisten blieben sie verschlossen. In der Regel musste man reisen, um sie zu sehen, sie kamen nicht zu den Menschen. Und reisen konnten (oder mussten) nur wenige – Kaufleute, Seefahrer oder Krieger.

Irgendwann fixierten einzelne Gebildete auch Botschaften und Reflexionen auf Schrifttafeln oder in handgeschriebenen Büchern. Festspiele und Theater kamen auf. Aber auch sie waren noch keine Medien der aktuellen Information, sondern dienten vorrangig dem Glauben, der Belehrung und Unterweisung. Im Mittelalter werden Handels- und Kirchmessen, Wandermönche, Barden oder fahrende Spielleute zu Nachrichtenbörsen für das Volk. Aber faktische Aufklärung und aktuelles Weltwissen war dort kaum zu erhalten, dafür kursierten Mysterienerzählungen und Gerüchte.

Das alles änderte sich in Europa fundamental mit dem neuen Druckverfahren des Johannes Gutenberg. Plötzlich ließ sich die Verbreitung von Kommunikation neu und anders organisieren. Und die Schriftmedien selbst wurden mit Beginn der Neuzeit zur kulturellen Neuerung: Sie kamen jetzt zu den Menschen.

Die „unerkannte Kulturmacht"

Was für ein Staunen muss durch die Dörfer und Städte gegangen sein, als die ersten gedruckten **Flugblätter** mit Holzschnitten auf den Marktplätzen auftauchten. Sie präsentierten zunächst noch eine krude Mischung aus Halbinformationen und sensationell aufgemachten Absonderlichkeiten, aus Himmelserscheinungen oder exotischen Tieren in der Tradition der Wundererzählungen. So zeigte ein Nürnberger Flugblatt von 1561 das Bild eines in „Meyssen und Düringen" gesehenen „wunderseltzamen vnbekandten Vogels" und berichtete von „andern schrecklichen Wunderzaichen die sich in disem Jar zugetragen".

Die fliegenden Händler wollten in erster Linie Geld verdienen. Im kommerziellen Sensationalismus der gedruckten Blätter offenbarte sich so schon früh die dunkle Seite moderner Massenmedien. Gleichwohl weiteten die neuen Druckerzeugnisse allmählich den Wissenshorizont, machten nicht nur Feuersbrünste, Erdbeben oder Kriege andernorts, sondern auch Entdeckungen und politische oder soziale Veränderungen bekannt. Und die waren im 16. Jahrhundert gewaltig: Spanier und Portugiesen kolonisierten große Teile der Erde, die Einheit der Katholischen Kirche zerbrach, Kopernikus erschütterte das gewohnte Weltbild, in Europa entstand ein neuartiges Verkehrs- und Postsystem, Osmanen zerschmetterten das Oströmische Reich. In dieser Situation lenkten die neuen Druckerzeugnisse allmählich den Blick auf Gegenwart und Realität. Der Kommunikationshistoriker Rudolf Stöber erinnerte daran, dass ein Nürnberger Formschneider (Hersteller von Druckstöcken) mit dem sprechenden Namen Nikolaus Meldemann 1530 eigens nach Wien fuhr, um ein wirklichkeitsgetreues Bild der Stadt nach der erfolglosen Belagerung durch die Türken einzufangen.

Die gedruckten Blätter erreichten trotz der äußerst geringen Alphabetisierung bereits viele Menschen, denn Lehrer und Pfarrer verlasen sie, belehrend, polternd oder mahnend, in Wirtshäusern oder Kirchen. Und noch lange blieben sie ein gewichtiges Massenmedium der Aufklärung. So schätzt man, dass während der Französischen Revolution von 1789 etwa 35.000 verschiedene Flugblätter in Umlauf waren. Auch die Verfasser von größeren **Flugschriften**, **Pamphleten** und jetzt mehr und mehr gedruckten **Büchern** erkannten die Möglichkeit, mit der Schwarzen Kunst aktiv in das Weltgeschehen einzugreifen. Sie nahmen sich – wie etwa Martin Luther – auch abstrakter politischer und religiöser Themen an und machten Presseerzeugnisse erstmals zu Medien des Meinungskampfes. Der Reformator pries in seinen Tischgesprächen die kulturellen und medialen Möglichkeiten der „Druckerey" gar als Gottes „höchstes und neuestes Geschenk" (*summum et postremum donum*). Das belegt, mit welcher Wucht diese neue Technologie die Zeit und ihre Kultur veränderte.

Erst recht ist es ein Verdienst der im 17. Jahrhundert entstehenden **Zeitungen**, bekannt zu machen, was sich hinter den sieben Bergen der alten Welt zutrug. Zunächst noch auf Nachrichten aus dem Ausland, auf Diplomatie, Handel und Kriegsgeschehen konzentriert, durchleuchten ihre Korrespondenten nach und nach immer mehr Facetten der Aktualität und des Alltags für ein disperses Publikum. Zeitungen werden zur *Unerkannten Kulturmacht*, wie der Presseforscher Otto Groth vor einem halben Jahrhundert sein Lehrwerk der Zeitungswissenschaft überschrieb.

Zuerst erscheinen noch unperiodische Korrespondenzen, „newe Zeytungen" zu Einzelereignissen oder Chroniken zu Handelsmessen. Dann, im Jahr 1605, setzt Johann Carolus in Straßburg neue Maßstäbe. Als er mit dem Druck seiner *Relation* beginnt, ist er „am damals schnellstmöglichen Puls der Zeit", schreibt der Pressehistoriker Thomas Birkner. Carolus hat, 150 Jahre nach Gutenbergs Erfindung, als erster die Idee, „aller fürnemmen und gedenckwürdigen Historien" regelmäßig und periodisch gedruckt zu vervielfältigen. Es ist der bis dahin gewaltigste Umbruch im Informationswesen. Wer heute die Verdienste der Medien um die Kultur gering schätzt, sollte nachlesen, welche Bedeutung der barocke Universalgelehrte Kaspar von Stieler schon wenige Jahrzehnte nach Carolus der Presse zuerkannte: „Die Zeitungen sind der Grund, die Anweisung und Richtschnur aller Klugheit, und, wer die Zeitungen nicht achtet, der bleibet immer und ewig ein elender Prülker [= *Schreihals, Brüller*] und Stümper in der Wissenschaft der Welt."

Das neue Medium trat einen Siegeszug ohnegleichen an. Man schätzt, dass die Zeitungen schon zu Lebzeiten des Johann Carolus 200.000 Menschen in Deutschland erreichten (aktive Leser und jene, die sich die Nachrichten vorlesen ließen). Hundert Jahre später dürfte es bereits die Hälfte der erwachsenen Bevölkerung gewesen sein, also fünf bis zehn Millionen Menschen. Allein in einer Stadt wie Hamburg erschienen schon im 17. Jahrhundert elf Zeitungen. Der mediale Umbruch trug in der Folge erheblich zur Alphabetisierung der Bevölkerung und zur Verbreitung der Kulturtechnik Lesen bei – „eine revolutionäre Veränderung des menschlichen Zusammenlebens", schreibt Thomas Birkner, „zumindest an die Seite der oralen Kommunikation trat nun tatsächlich zunehmend die literarisierte".

Im 18. Jahrhundert beschleunigt eine weitere Mediengattung den Trend der Literarisierung: die **Zeitschriften**. Mit ihnen treten Unterhaltung, Bildung und Kritik als publizistische Ziele neben die aktuelle Information. Die neuen Magazine fördern die Herausbildung bürgerlichen Selbstbewusstseins und bürgerlicher Öffentlichkeit. Nach englischem Vorbild wollen die äußerst populären *Moralischen Wochenschriften* zu Vernunft und Sittsamkeit erziehen, streuen in ihr Räsonnement auch Preisrätsel, Lebensläufe, Anekdoten oder Satiren ein. Schon früh richten sie ihr Angebot auf unterschiedliche Zielgruppen wie Frauen oder Kinder aus. Die *Gelehrten Journale* wiederum beobachten in erster Linie das intellektuelle und künstlerische Leben der Zeit. Sie sind zunächst noch thematisch universell, spezialisieren sich aber bald auf einzelne Wissensgebiete.

Der einen wie der anderen Zeitschriftenkategorie zugehörig, entstehen erste Kulturjournale und mit ihnen die Kritik. Ursprünglich eine Form der theoretischen Auseinandersetzung ausschließlich in der Welt der Wissenschaft, wird die kritische Rezension nun zu einer medialen Disziplin, an der sich auch andere beteiligen können. Die Journale veröffentlichen philosophische oder theologische Traktate, setzen sich mit naturwissenschaftlichen Abhandlungen und Reisebüchern auseinander, besprechen und bewerben Partituren und Liedersammlungen, preisen oder verreißen Gedichtbände und Romane. Das geschieht in den Zeitschriften selbst und wird im Anschluss Diskussionsstoff in Lesegesellschaften und Kaffeehäusern. Das Bürgertum lernt zunehmend, sich der Bevormundung durch höfischen Geschmack und überkommene ästhetische Kategorien zu entziehen. Essays, Polemiken und Kritiken prägen die medialen Debatten des Jahrhunderts der Aufklärung, in dem das zersplitterte, kleinteilige und politisch rückständige Deutschland um die Begründung einer „Nationalkultur" (zum Beispiel eines deutschsprachigen Theaters) ringt.

Der Markt für diese Medien ist gewaltig. Zwischen 1700 und 1740 entstehen im deutschen Sprachraum gut 500 neue Zeitschriften, zwischen 1740 und 1790 sind es mit knapp 3000 Titeln fast sechsmal so viele. Bis heute ist die Anzahl der Zielgruppen- und Unterhaltungsjournale in Deutschland ausgesprochen groß. Die Gelehrten Journale wiederum leben in einem breiten Angebot an Fachzeitschriften fort, seit dem 19. Jahrhundert aber auch im kritischen Anspruch des Zeitungsfeuilletons – jener für Deutschland typischen Symbiose von Kultur und Medien mit tagesaktuellem Bezug.

Überwindung von Raum und Zeit

Das neue Jahrhundert beschleunigte die Entwicklung des Nachrichtenwesens. Die Überwindung von Raum und Zeit durch Unmittelbarkeit und Authentizität wurde jetzt zum kulturellen Ziel. 1837 gelang es in England erstmals, mithilfe eines **Schreibtelegrafen** und des Zeichensystems von Samuel Morse Meldungen über große Distanzen zu versenden – Grundlage für die Entstehung von Nachrichtenagenturen und für einen weltweiten Medienmarkt. Und nur zwei Jahre später, 1839, präsentierte in Paris der Leiter des Observatoriums der Akademie der Wissenschaften das Verfahren der Daguerreotypie – die **Fotografie** war entstanden. Mit ihr schien der alte kulturelle Traum der Menschheit verwirklicht, die Welt im Bild objektiv zu bannen. Als künstlerisches Genre, als privates Hobby wie als Nachrichtenträger wurde die Fotografie Medium und Kultur in einem und sollte das Wissen um die Beschaffenheit der Welt sowie ihre Gestaltung von Grund auf verändern.

Beides, Fotografie wie Telegrafie, bedeutete einen gewaltigen Schritt hin zur medialen Eroberung des Augenblicks und der Gleichzeitigkeit. Erneut ging ein Staunen durch die Welt, ähnlich dem Staunen der Menschen, die einst auf den Marktplätzen die ersten Flugblätter erwarben. Der österreichische Schriftsteller Stefan Zweig hat die Erfindung der Telegrafie unter die kulturellen *Sternstunden der Menschheit* eingereiht. In der von ihm so benannten Sammlung historischer Episoden schrieb er, „kein Datum der neueren Geschichte" sei „an psychologischer Weitwirkung dieser Umstellung des Zeitwertes zu vergleichen". Die 1866 erstmals gelungene Kabelverbindung durch den Atlantik zwischen England und den USA habe der Welt „gleichsam einen einzigen Herzschlag" verliehen. „Sich hörend, sich schauend, sich verstehend" lebe „die Menschheit nun gleichzeitig von einem bis zum andern Ende der Erde, göttlich allgegenwärtig durch ihre eigene schöpferische Kraft". In New York brauste in der Tat damals gewaltiger Jubel auf; Festzüge zogen freudetrunken durch die Straßen. Schon bei den ersten Versuchen, das Kabel zu verlegen, hatte auf der anderen Seite des Atlantiks die *Times* von einem „vast enlargement which has thus been given to the sphere of human activity" geschrieben, vergleichbar nur der Entdeckung des Kolumbus.

Es war nicht der letzte Jubel über die neue Symbiose von Nachrichtenwesen und Kultur. Die „schöpferische Kraft" der Menschheit wird mit der technischen Entwicklung der Medien in der zweiten Hälfte des 19. Jahrhunderts wiederholt beschworen. Die **Schallplatte** konserviert erstmals Stimmen und Musik und wird noch vor dem Radio weltweit zum Unterhaltungsmedium. Das **Telefon** erlaubt jetzt auch Individuen Kommunikation über große Entfernungen. In den Hauptstädten Europas setzt man es vorübergehend (in mäßiger Qualität) schon rundfunkähnlich ein, überträgt Opernaufführungen oder Predigten an die Teilnehmer, gibt Börsenberichte und Sportmeldungen durch. Die Fotografie entwickelt sich in bewegten Bildern zum **Film** weiter. So zeigen die Brüder Lumière 1896 in Paris auf einer Leinwand die Einfahrt einer Dampflokomotive mit Waggons in den Bahnhof von La Ciotat. In anderen Filmstreifen sieht man einen Schmied bei der Arbeit oder Proletarier, die aus einer Fabrik strömen. Ein gutes Jahrzehnt später kommen die ersten Wochenschauen in die neuartigen Kinosäle.

Staunen ohne Ende. Bald kann man auch ohne Kabel telegrafieren. Der Funkverkehr wird, begünstigt durch die Erprobung im Ersten Weltkrieg und während der Novemberrevolution 1918, zum Geburtshelfer eines weiteren neuen Massenmediums. Als der **Hörfunk** in Deutschland seinen Betrieb aufnimmt, sind die Hoffnungen auf die verändernde kulturelle Kraft des Mediums erneut gewaltig. Man überbietet sich im Pathos. Von einem „befreienden Wunder", das die Welt zum „gemeinsamen Sprechsaal" forme, spricht 1924 Hans Bredow, Staatssekretär im Reichspostministerium, in einer Rede an das amerikanische Volk. Der sozialdemokratische *Vorwärts* meint im Radio den „Atem Gottes" zu spüren. Die ebenfalls sozialdemokratische Frankfurter *Volksstimme* jubelt, das neue Medium werde die „bisher Stumpfen" in den „Strom unseres geistigen Lebens" hineinziehen.

Vor allem die Erwartung, das Radio werde Bildungsschranken überwinden, die Gesellschaft insgesamt durch Kultur demokratisieren und auf ein höheres Niveau heben, war enorm. Wobei Kultur zunächst eng und streng begriffen wurde. Als im Oktober 1923 die „Funk-Stunde Berlin" ihre erste Sendung aus dem Vox-Haus ausstrahlte, trat der Rundfunk nicht mit populären Schlagern, sondern mit einem Cello-Konzert ins Leben. Die Konzentration auf die Vermittlung von „E-Kultur" (Opernübertragungen, Lesungen, Hörspielen usw.) herrschte für einige Zeit vor – kein

Wunder, denn die ersten Funkhausdirektoren (bis heute heißen sie „Intendanten") kamen meist aus den Theatern und Orchestern.

Bald aber weiteten sich Programmangebot und mit ihm Kulturverständnis und Kulturanspruch des Radios, musikalisch wie journalistisch. Dialog- und Diskussionssendungen entstanden. Von 1926 an las man Nachrichten nicht mehr einfach aus der Lokalpresse vor, sondern gestaltete sie selbst. Ab 1928 erlaubten Ü-Wagen Liveübertragungen von Fußballspielen oder Reportagen von gesellschaftlichen Veranstaltungen. Eine als Tondokument erhaltene Direktsendung vom Trauerzug für Reichsaußenminister Gustav Stresemann 1929 in Berlin lässt heute noch spüren, was die Menschen vor den Empfangsgeräten empfunden haben müssen. Die Hörerinnen und Hörer (es gab damals in Deutschland schon rund drei Millionen zahlende Rundfunkteilnehmer) vernahmen nachgerade räumlich, lauter werdend und verklingend, eine vorüberziehende Musikkapelle. Dazu sprach der Kommentator Alfred Braun, langsam und mit zitternd unterdrückter Stimme:

> „Die Spitze des Zuges ist jetzt schon vor dem Palais des Reichspräsidenten. In dem uns gegenüberliegenden geöffneten Fenster zum Arbeitszimmer, im trauerflorumkleideten Fenster, steht auf dem Fensterbrett innen im Zimmer eine Vase mit weißen Lilien. (…) Das links von unserem Standort liegende zweite Portal des Gebäudes ist zumeist vom verstorbenen Reichsaußenminister benutzt worden. (…) Diese Tür, aufgerissen jetzt und offen stehend, dahinter die Leere des Hausflurs, das gibt ein Bild, irgendein Gefühl von Abschied, Weggehen, Tod (…)."

Hier ging es, das war zu hören und erschauernd zu ahnen, nicht nur um die Schilderung eines kulturellen Rituals (Trauerzug). Hier meldete sich mit dem neuen Genre der Hörfunkreportage auch eine neue kulturelle Ausdrucksform zu Wort.

Zum Bild des Stummfilms war schon bald der Ton kommen. Deshalb geriet die Verblüffung nicht mehr ganz so groß, als sich nach dem Zweiten Weltkrieg zum Ton des Hörfunks auch das Bild gesellte. Gleichwohl ist mit dem **Fernsehen** eine weitere Dimension in der Kultur der Vermittlung von Zeitgeschehen erschlossen. Über 270 Mio. Menschen sind 1953 live oder zeitversetzt beim ersten weltweiten Fernsehereignis dabei, als die BBC die Krönung von Elisabeth II. überträgt. Wieder beweist sich ein neues Medium am Beispiel eines Kulturrituals als treibender Kulturfaktor.

Das Fernsehen wird in den 60er-Jahren zur Freizeitaktivität schlechthin. Hier meldet sich auch die persönliche Erinnerung – Tagesschau und Kulenkampff; Mainz wie es singt und lacht; Fußballbundesliga und Beat-Club. Im Wohnzimmer meines Elternhauses bin ich im Sommer 1967 einer von über 400 Mio., die weltweit die erste über Satellit übertragene Fernsehsendung sehen. Sie heißt „Our World", erneut ausgestrahlt von der BBC. Wieder erklingt Streichermusik, wie 1923 im Berliner Rundfunk. Nun aber hört es sich anders an, nun singen die Beatles dazu. In *All you need is love* ertönt die Marseillaise als Intro einer Hymne der Hippie-Jahre von der Macht der Liebe.

Mein Vater grummelte. Aber die Medienkultur hatte ihre Berührungsängste vor der Unterhaltung endgültig überwunden. Es war ein gutes Gefühl – die Welt war kleiner und die Hoffnung auf die verbindende Kraft der Kommunikation größer geworden.

Schmalspurfilme, Tonkassetten, Videokassetten, CDs mit ungeahnter Tonqualität, das Internet als globaler Wissensspeicher und die ersten Personalcomputer, die ersten tragbaren Telefone – immer schneller entwickelten sich Individual- und Massenmedien weiter. Schließlich kamen die **mobilen Endgeräte**, die es so leicht wie nie machten, in das Wissen der Welt einzutauchen und von Freiheit und Zusammenschluss aller Menschen zu träumen. Sie wurden zum wichtigsten Beziehungsmedium unserer Zeit, zum unumgänglichen Accessoire des Alltags, mit dem wir Bilder, Videos, Kommentare verschicken und uns, jeder für sich, kulturell profilieren wollen. Sie wurden auch zu Instanzen der Sozialisation und der Kultivierung, also der Art, wie wir die Wirklichkeit wahrnehmen und uns mediale Vorgaben aneignen. Mehr denn je gestalten Menschen heute so ihre Umwelt, ihre Praktiken und Gebräuche, um sie anderen symbolisch mitzuteilen. Kein Handy zur Verfügung zu haben empfand die 13-jährige Ricarda in einer Langzeitstudie der Universität Erfurt so, als sei sie „von der Zivilisation abgeschnitten".

Kulturtechniken

Ob die Träume von grenzenloser Freiheit, die sich mit den Massenmedien verbunden haben und immer noch verbinden, langfristig doch eher Träume bleiben werden, sei dahingestellt. Aber unser Galopp durch die Jahrhunderte hat doch klar gemacht: Medien bringen Kultur hervor. Sie werden selbst zu Kultur, und sie haben uns eine Reihe von Kulturtechniken an die Hand gegeben, die das Zusammenleben erleichtern und bereichern.

Die wichtigste dieser Techniken ist die **Sprache**. Massenmedien haben unzählige Generationen an die Kunst des Lesens und Zuhörens herangeführt. Sie haben seit Gutenberg nicht unerheblich zur Alphabetisierung beigetragen und dafür gesorgt, dass sich eine einheitliche Hochsprache als Verständigungsmittel im deutschen Dialekt-Gestrüpp durchsetzen konnte. Sie haben Begriffe, Idiome und sprachliche Muster hervorgebracht und verbreitet, Ausdrucksmöglichkeiten erweitert und **Textformen** wie Interview, Reportage oder Schlagzeile etabliert, die heute selbstverständlich zum täglichen Text-Repertoire auch von Medienverächtern gehören. Noch die jüngsten medialen

Entwicklungen kreieren fortwährend neuartige Sprach-
formate wie die Mikroblogging-Kurznachricht oder den
Radio-Podcast.

Die Massenmedien haben demonstriert, wie sich Informationen **recherchieren** lassen und wie sie einzuordnen
sind, und sie haben die Techniken dafür entwickelt. Dass
sie auf diese Weise permanent neue Themen und Erkenntnisse bereitstellen, ist für das Fortkommen der Gesellschaft
nicht minder bedeutsam als Forschungsergebnisse aus der
Wissenschaft. Deren Verfahren sind im Übrigen zum Teil
unmittelbar aus dem Journalismus hervorgegangen. Das
sozialwissenschaftliche Interview wäre ohne journalistische
Befragungen im späten 18. Jahrhundert nicht entstanden,
genauso wenig wie die Methode der teilnehmenden Beobachtung oder die Ethnographie. Und regelmäßig holen
sich Sozialwissenschaftler ihre Themen zur Erkundung der
Wirklichkeit aus den Medien und deren Alltagsrecherchen.
Max Weber, der Doyen der deutschen Soziologie, stellte
deshalb in seiner vielzitierten Schrift *Politik als Beruf* 1919
Qualitätsjournalismus und Wissenschaft auf eine Stufe,
wenn er hervorhob, dass „eine wirklich *gute* journalistische
Leistung mindestens soviel ‚Geist' beansprucht wie irgend-
eine Gelehrtenleistung".

Mit den modernen Suchmaschinen und den gewaltigen
Archivangeboten des Internets ist es so leicht wie noch nie,
zu recherchieren, also Zusammenhängen, Ursachen und
Folgen von Ereignissen nachzuspüren. Und in Foren und
Plattformen aller Art ist es so leicht wie noch nie, diese Zusammenhänge zu kritisieren und Meinung frei zu be-
kunden. Es waren die Massenmedien, die diesen Weg eröffnet haben. Sie haben die Kulturtechnik der **Kritik** im
Laufe der Jahrhunderte gegen erhebliche Widerstände der
Mächtigen durchgesetzt. Sie haben das Denken aus dogma-
tischen Regularien befreit und den Meinungsstreit als
demokratische Errungenschaft mühsam durchgesetzt.

Nicht nur dem Anspruch der Wissenschaft auf Erkundung der Wirklichkeit ähnelt die Kulturleistung der Massenmedien, an die der Kommunikationswissenschaftler Wolfgang R. Langenbucher unermüdlich erinnert hat. Sie ähnelt auch dem Anliegen der Kunst. Und so nimmt es nicht wunder, dass dem medialen „Emporkömmling" vonseiten der Schriftsteller, Künstler und Intellektuellen auch immer wieder Spott und Polemik entgegenschlugen – fürchtete man doch um sein angestammtes Monopol auf Welterkenntnis. Kaum auf dem Markt, sahen sich die ersten Zeitungen des Barockzeitalters schon mit dem Vorwurf konfrontiert, die Sprache zu verderben (das oben erwähnte Zitat des Presseverteidigers Kaspar von Stieler spiegelt diese Vorbehalte). „Noch ein Jahrhundert Zeitungen – und alle Worte stinken", ereiferte sich 200 Jahre später immer noch ein Friedrich Nietzsche. Und diese Geringschätzung ist heute weiter allgegenwärtig.

Legion sind die Verächter der journalistischen Kunstkritik, die sich seit dem 18. Jahrhundert als Stimme der bürgerlichen Öffentlichkeit zu Wort meldete. Sie „verfolgt die Autoren, aber hinkend", schrieb Goethe. „Der schmutzigste Kläffer kann tödlich beißen; er braucht nur die Tollwut zu haben", stöhnte Paul Valéry. Der Arzt und Schriftsteller Arthur Schnitzler diagnostizierte: „Eine Null und frech dazu, das ist ein Rezensent." Samuel Taylor Coleridge nannte Kritiker schlichtweg „murderers", und ein Wolf Biermann blaffte, sie seien „lungernde Knittergenies" und „Presseschaum".

Bildende Künstler sahen sich von der Fotografie, Theatermacher vom Film bedroht und äußerten sich entsprechend abfällig. Der Komponist Arnold Schönberg meinte in den 20er-Jahren, die Menschheit verfalle durch das Radio dem „Unterhaltungsdelirium", ein Vorwurf, der dem Fernsehen noch heute entgegenschlägt. Und Botho Strauß fühlte sich von den Absonderungen der Blogosphäre und des Internets angewidert: „Das All ist erfüllt von jedermanns erbrochenem Alltag, das Logbuch einer weltweiten Mitteilungsinkontinenz."

Das freilich sind Giftspritzen, gefüllt mit dem Ungeist der publizistischen Eifersucht. Es sind keine ernsthaften Versuche, sich auch mit den Schattenseiten medialer Kulturleistung auseinanderzusetzen. Eine solche Auseinandersetzung ist aber sehr wohl nötig. Medien können die Wirklichkeit schon aus technischen Gründen nicht 1:1 abbilden. Sie schaffen zwangsläufig eine Vorstellung von Realität, die vielen Menschen als Verzerrung erscheinen muss (wir werden darauf zurückkommen). Skandalös aber sind ohne Zweifel die von außen in die Medien einsickernden Äußerungen einer Unkultur aus Hass und Hetze, aus Demütigung und Denunziation, aus Mobbing und Aufrufen zur Gewalt gegen Minderheiten – ein Übel, das die Errungenschaft freier und erleichterter Kommunikation ebenfalls angeschwemmt hat. Wir erleben es im Internet heute Tag für Tag (siehe auch Kap. 6).

Wie die offene Gesellschaft insgesamt ist die Kulturleistung der Medien also nicht gefeit gegen ihren Missbrauch. Information zieht immer wieder auch Desinformation nach sich. Das ist der Preis, der für das Prinzip der Öffentlichkeit zu zahlen ist. Allerdings waren und sind die Medien nicht nur Opfer eines solchen Missbrauchs, sondern machen sich oft genug selbst zu willigen Tätern, bis hin zur Preisgabe ihres demokratischen Auftrags. Die Geschichte der kommunikativen Befreiung der Menschheit ist auch eine Geschichte von Rückfällen in Unfreiheit, von Lüge, Betrug und Propaganda, an der Journalisten mitgewirkt haben. Nur wenige Jahre, nachdem Hans Bredow vom „befreienden Wunder" des Radios sprach, und schon vor der Machtergreifung Hitlers ließen sich wichtige Vertreter des Hörfunks in Deutschland für die Ziele der Nationalsozialisten einspannen. So hatte Joseph Goebbels

1933 leichtes Spiel und konnte das neue Medium zum wichtigsten Propagandainstrument des NS-Staates machen. Um eine solche Vergewaltigung des Kulturfaktors Radio durch die Propaganda staatlicher Macht zu verhindern, machten sich die Alliierten nach 1945 daran, den Rundfunk in Deutschland föderal zu organisieren. Seitdem unterliegen die Programme von Radio und Fernsehen und ihre Kontrolle ebenso wie die Massenmedien insgesamt der Kulturhoheit der Bundesländer. Einen Bundesinformationsminister mit zentralen staatlichen Machtbefugnissen gibt es hierzulande nicht.

Freilich machen sich Journalistinnen und Journalisten auch in politisch ausbalancierten Demokratien bewusst oder unbewusst zu Handlangern von Unwahrheiten und Lügen. Sie recherchieren oft genug einseitig, beschönigen, verbreiten Gerüchte, wenn es der Quote dient, unterwerfen sich fremden politischen Interessen oder lassen sich einspannen für die ökonomischen Ziele des eigenen traditionellen oder digitalen Mediums (Werbekunden). So gefährden sie den kulturellen Auftrag der Massenmedien.

Medialisierung

Schließlich haben sie durch ihre Ausbreitung als Träger und Organisatoren von Öffentlichkeit auch eine mediale Überversorgung herbeigeführt. Man spricht deshalb häufig von der „Medialisierung" der Gesellschaft – einem Phänomen, das eine Licht- und eine Schattenseite hat. Einerseits sorgt die Allgegenwart der Massenmedien in freien Gemeinwesen effektiv dafür, politische und kulturelle Prozesse offenzulegen und so das soziale Gefüge demokratisch zu kontrollieren. Problematisch ist indessen, dass diese Allgegenwart auch dazu führen kann, gesellschaftliche und kulturelle Vorgänge von vornherein an Logik und Ansprüche der Medien anzupassen und damit zu verändern. Ereignisse werden (etwa durch Pressekonferenzen) eigens für die Medien „gemacht". Davon können die Akteure dieser Ereignisse zwar ebenfalls profitieren, und sie suchen ja auch den Kontakt mit den Medien. Diese erbringen auch immer noch kulturelle Leistungen, aber nach eigenen Spielregeln und Inszenierungsmustern. Und schon durch ihre bloße Existenz überformen sie gleichsam das, was sie eigentlich begleiten sollen. Das kann so aussehen:

Beispiel 1: Die Leiterin eines medizinischen Forschungsprojektes findet die Daten ihrer neuen Gesundheitsstudie nicht so eindrucksvoll wie erhofft. Sie bittet die PR-Referentin ihrer Hochschule gleichwohl, eine Pressemitteilung zu verfassen und darin etwas hervorzuheben, was spektakulär wirken und mediale Aufmerksamkeit wecken könnte. Die Medien greifen diese Pressemitteilung auf und erklären die „aufgehübschten" Daten, die eigene Quote vor Augen, flugs zu einer kleinen medizinischen Sensation. Nichts ist wirklich verfälscht worden. Die Forscherin, die Pressestelle der Hochschule und die Massenmedien profitieren gleichermaßen von dem Vorgang. Aber die kulturelle Leistung – der Forschung selbst wie ihrer Übermittlung – ist doch durch Übertreibung beschädigt.

Beispiel 2: Politiker inszenieren im Wahlkampf einen Auftritt vor der Kamera so, dass Umgebung und Atmosphäre besonders freundlich wirken. Ihre Statements sind knapp, zugespitzt und frei von anstrengenden Details. Die Politiker folgen dabei den Wünschen der TV-Korrespondenten, mit denen sie sich vorher abgesprochen haben. Beide Seiten ziehen daraus Vorteile: Die Journalisten erhalten ein sendefähiges Statement, die Politiker erreichen Medienpräsenz. Der Auftritt kann aber durch die Verknappung, die im Zusammenschnitt noch einmal verstärkt wird, auch Nachteile für die Politiker mit sich bringen.

Beispiel 3: Die Aktivisten der „Letzten Generation" greifen zu spektakulären Protestformen, um auf den Klimaschutz aufmerksam zu machen. Sie kleben sich auf Straßen fest und beschmutzen Gemälde, weil sie wissen, dass die Medien auf solche Aktionen anspringen werden. Das funktioniert auch – die Journalisten berichten umfassend, allerdings („Klimaterroristen") nicht im gewünschten Sinne. Die spekulative Anpassung an die Logik der Massenmedien ist, was die Klimaschutz-Ziele der Aktivisten angeht, gescheitert; die Massenmedien waren stärker.

Beispiel 4: Eine Variante der Medialisierung lässt sich beobachten, wenn die Veranstalter eines Popkonzertes Fotografen nur eine bestimmte Kameraperspektive auf die Bühne erlauben oder Fotos der Sängerin während des Konzertes trotz Akkreditierung der Bildjournalisten ganz untersagen. Die Presseabteilung des Konzertveranstalters überreicht den Medienvertretern stattdessen ihre eigenen PR-Fotos der Sängerin. In diesem Fall dominieren deren Interessen und die des Veranstalters, die Massenmedien ziehen den Kürzeren. Aber ihre bloße Existenz und die Abschirmung gegen ihre publizistische Macht haben die Präsentation des Kulturereignisses selbst ebenfalls verändert.

Wissenschaftlich erforscht ist Medialisierung erst in Teilgebieten, etwa im Verhältnis von Medien und Leistungssport. So wiesen die Kommunikationswissenschaftler Marco Dohle, Gerd Vowe und Christian Wodtke etliche Regelveränderungen im Tischtennis nach, die im Sinne besserer Fernsehquoten bzw. -einnahmen waren. Dazu zählten die Vergrößerung des Tischtennisballs ebenso wie die Vergrößerung erlaubter Werbeflächen. Münchner Forscher untersuchten Medialisierungstendenzen im Fußball und stießen unter anderem auf die Anpassung der Spieltermine an die Wünsche und Bedürfnisse der Fernsehsender.

Es steht zu befürchten, dass Medialisierungsphänomene mit den verkürzten und verkürzenden Wortmeldungen (etwa von Politikerinnen und Politikern) in Tweets oder Blogs weiter zunehmen werden.

4

Medien verbreiten Kultur

Zusammenfassung Bisher haben wir verfolgt, wie Massenmedien zu Kulturinstitutionen geworden sind, weil sie Kommunikation und Kritik immer besser ermöglicht haben. In diesem Kapitel geht es konkreter um die Inhalte, die sie bereithalten und die es allen ermöglichen, an den schöpferischen und habituellen Lebensäußerungen der Menschheit teilzuhaben. Einen Teil dieser Angebote bringen die Medien selbst hervor (etwa Hör- oder Videospiele). Zum größeren Teil aber gelangen sie aus der Gesellschaft in die Medien, die sie wiederum in die Gesellschaft zurückspielen und verbreiten (etwa Musik oder politische Debatten). Dem öffentlich-rechtlichen Rundfunk kommt dabei ein spezieller „Kulturauftrag" zu. Die Gesamtheit der Massenmedien trägt zur „Kultivierung" der Nutzer bei, wie auch zur Ausbildung diverser „Subkulturen".

© Der/die Autor(en), exklusiv lizenziert an Springer Fachmedien
Wiesbaden GmbH, ein Teil von Springer Nature 2024
G. Reus, *Medien und Kultur*, Medienwissen kompakt,
https://doi.org/10.1007/978-3-658-44088-6_4

Was wir heute „Roman" nennen, bezeichnen Engländer oder Amerikaner als *novel*. Das Adjektiv *novel* bedeutet im Englischen zugleich „neuartig, ungewöhnlich". Auch im Deutschland der Renaissance und des Barock kennzeichnet der aus dem Italienischen übernommene Begriff *novella* die Wiedergabe einer Neuigkeit in Literatur *und* Publizistik. Es liegt also nahe, eine frühe Liaison von Belletristik und dem Neuigkeitsgewerbe des Journalismus zu vermuten. Tatsächlich waren ja über lange Zeit viele Schriftsteller im Nebenberuf Zeitungsschreiber, und umgekehrt entdeckten seit dem 19. Jahrhundert viele professionelle Journalisten ihre Neigung, Romane zu verfassen. Diese Nähe der beiden Berufszweige hat sich mit der Etablierung der Massenpresse in einem besonderen Genre niedergeschlagen: dem **Zeitungs-** oder **Feuilletonroman.**

Die Publikation eines Romans in Fortsetzungen und über Wochen hinweg gehört zu den Kulturphänomenen, die es ohne Massenmedien nicht gegeben hätte. Sie ist zugleich ein gewichtiges Beispiel der Verbreitung von „Kunst für jedermann" durch die Medien. Ob die Presse damit wirklich eine eigene Prosa*form* kreiert hat, bleibt allerdings fraglich. Es ist ein vielfach kolportierter Mythos, dass diese Romane von ihren Autoren speziell für das serielle Erscheinen in Tagespresse oder Zeitschriften portioniert und auf „Cliffhanger" hin geschrieben wurden. Vielmehr dürfte es die *novella* gewesen sein, die *inhaltlich-stoffliche* Nähe zum Neuen, zum Zeitgeschehen, die bestimmten Prosawerken einen gleichsam journalistischen Nachrichtenwert verlieh. Entsprechend wählten die Redaktionen aus Romanmanuskripten aus, was ihnen für ihr Blatt, für dessen Tendenz oder für aktuelle gesellschaftliche Diskussionen attraktiv zu sein schien. Gute Beispiele sind Erich Maria Remarques Antikriegsroman *Im Westen nichts Neues* (1928 in der liberalen *Vossischen Zeitung)* und Alfred Döblins *Berlin Alexanderplatz.* Letzterer gilt als Inbegriff des neuen Großstadtromans. Seine Handlungsmotive – Verbrechen, Gewalt, Prostitution, die Suche nach einem würdigen Leben im Gewimmel und Chaos der Moderne – beschäftigten auch den Berliner Lokaljournalismus der Zeit und damit die Leser. Bevor Döblins Text 1929 als Buch erschien, hatten ihn sich bereits mehrere Blätter für Vorabdrucke gesichert, so die *Berliner Volkszeitung*, der *Vorwärts* und die *Frankfurter Zeitung*.

Die Redaktionen brauchten solche Prosatexte nur zu zerteilen und etwas anzupassen, schon hatten sie Tag für Tag eine Attraktion, von der ihre Auflage erheblich profitierte. Im 19. Jahrhundert erreichten Zeitungsromane vermutlich mehr Leserinnen und Leser als Romane in Buchform. Wie die Verlage profitierte auch das Lesepublikum von diesem kostenlosen Kultur-Bonus in der Morgenzeitung, und den Autoren, die sich über die Presse einen Namen machen konnten, nutzte er ebenfalls. Die größten Werke der Weltliteratur erschienen in Zeitungen und Zeitschriften – ob von Balzac oder Flaubert, Tolstoi oder Gogol, Dickens oder Hemingway, und natürlich auch „Unterhaltungsromane" wie die von Alexandre Dumas, Karl May, Johannes Mario Simmel oder Daniel Defoe. Dessen *Robinson Crusoe* wurde 1719/1720 in der *Original London Post* gedruckt und gilt als erster Zeitungsroman überhaupt.

Die Aufmerksamkeit für neue Romane in der Presse und ihr gesellschaftliches Erregungspotenzial hielten noch bis zum Ende des vergangenen Jahrhunderts an. Als Heinrich Bölls *Ansichten eines Clowns* Anfang der sechziger Jahre vorab in der *Süddeutschen Zeitung* erschien, löste der Roman eine heftige Diskussion über Bölls angeblichen Anti-Katholizismus aus. Noch 2002 war ein Zeitungsroman für Skandale gut: Als Martin Walser seinen Roman *Tod eines Kritikers* der *Frankfurter Allgemeinen Zeitung* anbot, lehnte deren Herausgeber Frank Schirrmacher den Vorabdruck ab. Er begründete das mit dem vermeintlich antisemitisch eingefärbten Zerrbild des langjährigen *FAZ*-Literaturchefs Marcel Reich-Ranicki im Roman. Die Affäre schlug wochenlang Wellen in den Feuilletons.

Mit dem Verlust der publizistischen Führungsrolle der Presse ist die kulturelle Bedeutung des Zeitungsromans erheblich geschrumpft. Auch viele kleine Literaturformen, die Zeitungen über Jahrhunderte mitverbreitet und immer wieder in ihr Feuilleton eingestreut hatten, wie **Gedichte** oder **Aphorismen**, sind nur noch selten in der Presse zu finden.

Alte Formen, eigene Formate

Als „sequenzielle" Bildererzählung ist dagegen der **Comic** in Heften, Büchern, Zeitungen und online heute weitverbreitet. Er gilt als eigenständige Kunstform, ist aber weit älter als die Medien, die ihn weitertragen. Seine Ursprünge liegen in Grabbildern der Antike, in mittelalterlichen Bildfolgen oder etwa in Zeichnungen und Büchern von William Hogarth, Francisco de Goya, Gustave Doré, Wilhelm Busch oder Heinrich Hoffmann (*Struwwelpeter*). Seit dem 18. Jahrhundert finden sich Comics in eigenen Witz- und Karikaturzeitschriften; Ende des 19. Jahrhunderts druckte Joseph Pulitzers *New York World* den ersten Comicstrip in ihrer Sonntagsbeilage. Comics (auch **Cartoons** oder die erzählerisch weiterentwickelten **Graphic Novels**) erscheinen heute in großer Zahl, Vielfalt und künstlerischer Qualität. Über 70 Comiczeitschriften sind auf dem deutschen Markt. 60 % der Kinder und Jugendlichen gaben 2016 in einer Marktstudie an, zumindest ab und zu Zeitschriften und Comics zu lesen. 2022 wurden in Deutschland rund 12 Mio. Manga-Comics verkauft.

Anders als Zeitungsromane oder Comics ist das **Hörspiel** eine Kunstform, die tatsächlich erst mit einem Massenmedium geschaffen wurde. Von Anfang an hatten die Pioniere des Rundfunks in Deutschland das Radio ja als „Kulturfaktor" begriffen und waren beseelt von der Idee,

„geistige Güter gleichzeitig Ungezählten zu übermitteln", so der Staatssekretär im Reichspostministerium Hans Bredow. Da viele Radiomacher der ersten Stunde von den Theater- und Opernbühnen kamen, begriffen sie das neue Medium zunächst als (wie man damals sagte) „Sendebühne" für klassische Kunstwerke. 1926, drei Jahre nach seinem Start, strahlte der Hörfunk in Deutschland insgesamt 600 Werke von Dramatikern aus. Die Anfänge müssen noch arg betulich und theaterbeflissen geklungen haben. Beim allerersten Sendespiel, *Wallensteins Lager*, traten die Darsteller 1924 mit knarzenden Stiefeln und klirrendem Degen ans Mikrofon – „in Wehr und Waffen", wie Heinz Schwitzke, der spätere Leiter der Hörspielabteilung des NDR, schrieb. Das sollte die „Suggestivkraft" erhöhen.

Doch die Sendetechniken und ästhetischen Verfahren professionalisierten sich rasch. Bald hatte man mit einer Synthese aus Stimmen, Geräuschen, Musik und räumlichen Klangeffekten eine komplett neue Form geschaffen, die beim Publikum überaus beliebt wurde. Für ein Preisausschreiben der Reichsrundfunkgesellschaft 1927 gingen 1200 Manuskripte mit Hörspieltexten ein. 1930 waren im Reichsgebiet, stets live ausgestrahlt, über 850 „dramatische Sendespiele" zu hören, bis 1932 schon 1400 „hörspielartige Sendungen", schreibt Hans-Jürgen Krug in seiner *Kleinen Geschichte des Hörspiels*. Friedrich Wolf, Erich Kästner, Bert Brecht (*Lindberghflug*) traten als Hörspielautoren in Erscheinung und trieben die neue Form zur ersten Blüte.

Nach dem Zweiten Weltkrieg wird das Hörspiel zunächst zur Medienkunstform schlechthin. Ob Günter Eich oder Ingeborg Bachmann, ob Max Frisch oder Friedrich Dürrenmatt, ob (in der DDR) Erich Loest, Stephan Hermlin oder Rolf Schneider – nahezu nahezu alle namhaften Autorinnen und Autoren arbeiten für das Radio. Allein ein Heinrich Böll schreibt 40 Hörtexte. Von 1952 an wird der „Hörspielpreis der Kriegsblinden" zum Gütesiegel der deutschen

Literaturszene. Die Szenarien der Autoren sind mal verspielt, mal hermetisch, mal sozialkritisch, mal dokumentarisch, mal einfach nur akustisch herausfordernd. In seinem Stück *Geräusch eines Geräusches*, vom WDR produziert, lässt Peter Handke 1969 gar keine Stimmen mehr, sondern nur noch Laute zu: „Ein Stück rohe Leber fällt vom Tisch auf den Steinboden" oder „Eine Briefmarke wird langsam vom Kuvert gelöst" – so die Anweisungen Handkes.

Mit welcher Anteilnahme das Radiopublikum, noch nicht abgelenkt von anderen elektronischen Medien und unter dem Eindruck der NS-Zeit, den Experimenten folgte, wie gierig es Neues aufsog und mit welcher Heftigkeit es reagieren konnte, zeigte sich schon früh bei Wolfgang Borcherts Antikriegsstück *Draußen vor der Tür*. Gerhard Prager beschrieb 1958 in der Zeitschrift *Rundfunk und Fernsehen* die Publikumsreaktionen auf die Uraufführung im NWDR 1947: „Die Hörer schreien zurück: emporgerissen, gepeinigt, erschrocken, befreit, zornig, erschüttert, abwehrend, dankbar."

Ein noch früheres Beispiel für Medienwirkungen wird in der Kommunikationswissenschaft immer wieder exemplarisch zitiert: Als 1938 in New York das Hörspiel *The War of the Worlds,* inszeniert von Orson Welles, ausgestrahlt wurde, gerieten etliche Hörer in Panik, weil sie glaubten, sie hörten eine Live-Reportage über die Invasion von Marsbewohnern. 1975 wiederholte der Bayerische Rundfunk die Originalfassung.

Aber nicht nur das künstlerische Hörspiel vereinte die Familien in den Nachkriegsjahrzehnten vor dem Radio. Auch Krimis und leichte Serien wie die *Hesselbachs* (ab 1949) wurden ungeheuer populär. Und dann – stets unterschätzt in Qualität und Wirkung – der Kinderfunk. Wieder schieben sich persönliche Erinnerungen in den Vordergrund: Am frühen Sonntagnachmittag, wenn ich mit dem Abtrocknen des Geschirrs fertig war und die Eltern sich zum Mittagsschlaf zurückgezogen hatten, gehörte der klobige Radiokasten mit dem magischen grünen Auge mir allein. Von 14 bis 14:30 Uhr ließ mich das Kinderhörspiel im Saarländischen Rundfunk eintauchen in Phantasiewelten, Sprache und Klänge. Und so dürfte es Millionen von Kindern gegangen sein, die das Medium Radio kulturell sozialisiert hat.

Um 1980 sendeten die ARD-Anstalten, Deutschlandfunk und Rias Berlin zusammen noch rund 1500 Hörspiele im Jahr. Die ARD investierte in deren Produktion mehr als in Sportübertragungen. Aber das Fernsehen hatte schon die Prioritäten verschoben. Speziell fürs Radio geschriebene Hörspiele wurden seltener. Heute sind sie im öffentlich-rechtlichen Programm allenfalls noch eine spät am Abend ausgestrahlte „Nischenkunst", schreibt Hans-Jürgen Krug. Das Angebot an Produktionen ist im Laufe der Jahrzehnte auf andere Tonträger und kommerzielle Verbreitungswege übergegangen, dort allerdings in gewaltiger Vielfalt jederzeit zugänglich. Kassetten und CD (vor allem auf dem Markt für Kinder), Hörbücher, MP-3-Dateien, Podcasts, Streamingangebote haben sich nach und nach durchgesetzt. Durch sie lebe das Medienpublikum heute trotz allem, so Krug, quantitativ „in einer gigantischen digitalen Hörspielblütezeit".

Mit ähnlichem Kunstanspruch und ursprünglich ebenfalls auf Theateradaptionen ausgerichtet, trat in der Nachkriegszeit das **Fernsehspiel** ins Leben. Wie beim Hörspiel handelt es sich um eine Form mit einer speziellen Ästhetik, die originär mit dem Medium (Kamera, Schnitt) verbunden ist. Auch Fernsehspiele weisen eine große inhaltliche wie formale Vielfalt auf. Stets blieben sie hingegen in einer Programmnische mit Produktionen, die sich vom vorherrschenden Unterhaltungsanspruch des Fernsehens abheben wollten. Es ist das Verdienst des ZDF, mit seiner Reihe „Das kleine Fernsehspiel" solche Produktionen gegen den Strich bis heute zu fördern.

Das Spektrum des Fernsehspiels reicht von kammer-spielartigen Experimentalfilmen bis zu sozialkritischen Kurzdramen, bei fließenden Grenzen und nicht immer klaren Genrebezeichnungen. Wenn man es denn dem Fernsehspiel zuordnen möchte, hat das „Doku-Drama", wie es ein Heinrich Breloer entwickelte, wohl am ehesten den Geschmack eines bildungsaffinen Publikums getroffen. Es zeichnet sich, ästhetisch wie publizistisch, aus durch eine Kombination von Spielszenen, historischem Filmmaterial, Fotos und Interviewsequenzen, etwa in Breloers Produktionen *Die Manns – ein Jahrhundertroman* (2001) oder *Brecht* (2019).

Die Dominanz des großen **Spiel- und Kinofilms**, auf den wir hier nicht eingehen können[1] und die mittlerweile absurde Fülle von „Tatort"-Krimis und anderen Krimi-Serienproduktionen lassen das Fernsehspiel heute im Programmhintergrund verschwinden. Die Popularität des Hörspiels der Nachkriegszeit hat es nie erreicht.

Wie der Zeitungsroman verdanken die großen **Fernsehshows** zwar ihre Präsenz einem Massenmedium. Aus dem Fernsehen ursprünglich hervorgegangen ist die Unterhaltungskunstform „Show" aber ebenfalls nicht, auch wenn sie heute als besonders fernsehtypisch empfunden wird. Die inhaltlichen Bestandteile der Showformate (Sketches, kabarettistische Vorträge, Musikeinlagen, Akrobatik, Tanz, Wettkämpfe, Talentproben) gehen zurück auf die Unterhaltungsangebote der Vorstadtbühnen des 19. Jahrhunderts (Music Hall, Vaudeville u. Ä.). Auch heute noch sind solche Shows mit bekannten TV-Stars, aber ohne TV-Begleitung, live in großen Hallen oder Theatern zu sehen. Vor dem Fernsehen hatte der Hörfunk ebenfalls schon Showveranstaltungen adaptiert.

---

[1] Siehe dazu den Band *Film und Kino. Die Faszination der laufenden Bilder* von Elizabeth Prommer in unserer Reihe „Medienwissen kompakt".

Eine in der Tat fernsehspezifische Weiterentwicklung sind die **Reality-Show-Formate**. Sie versuchen, mehr oder weniger authentisch, den Alltag des Publikums mit seinen kleinen und großen Dramen einzufangen und „normale Menschen" als Protagonisten öffentlichen Handelns zu präsentieren. Dabei geht es nicht immer geschmackvoll zu (*Ich bin ein Star – Holt mich hier raus!*). Wie die großen Showformate aber erzählen solche Sendungen – auf welchem Niveau auch immer – gleichfalls etwas von den Lebensäußerungen und kulturellen Praktiken, mit denen Menschen ihre Umwelt gestalten und sich mitteilen wollen.

Bei jungen Menschen steht das Fließprogramm des Rundfunks, ob öffentlich-rechtlich oder privat, nicht mehr hoch im Kurs. Zeitversetzte Mediennutzung und selbstbestimmte Auswahl (aus den Angeboten etwa von Netflix oder aus Radio-Podcasts) werden immer beliebter.

Selbststeuerung und Selbstbestimmung sind wohl auch wichtige Gründe für die Attraktivität von **Video- und Computerspielen**. Spielen ist die zeit- und alterslose Form von Kultur schlechthin. Vielleicht begründet es sie sogar. Es ist, schreibt der Bremer Kommunikationswissenschaftler Friedrich Krotz, „die Basis für das Entstehen von Kultur in ihren Ausdifferenzierungen – hier werden Handlungsweisen erprobt, Probleme gelöst, Sinn produziert, Gewohnheiten und Tradition geschaffen". Der niederländische Kulturhistoriker Johan Huizinga prägte deshalb den Begriff des „homo ludens".

Obwohl das Spiel weit älter ist als alle Massenmedien, kann die moderne Variante der Video- und Computerspiele doch als originäre Hervorbringung des Medienzeitalters gelten. In wenigen Jahrzehnten haben sich diese Unterhaltungsangebote von den primitiven Anfängen auf Konsolen mit Bälle fressenden Bildschirmwesen („Pac-Man") zu hochkomplexen, technisch und grafisch ausgefeilten „Virtual Reality Games" in stereoskopischem 3-D entwickelt. Sie gelten heute manchen als *die* Kunstform unserer Zeit. So hebt der Tübinger Kulturwissenschaftler Kaspar Maase, den Medienkritiker Florian Rötzer zitierend, nicht nur hervor, dass diese Spiele den Charakter von Gesamtkunstwerken hätten und verschiedene Sinne ansprächen. Sie durchdringen, so Maase, die Spieler auch körperlich und ziehen sie in neue Welten hinein („Immersion"). Anders als herkömmliche Kunstformen, die meist passiv und andächtig rezipiert werden, bieten sie die Möglichkeit, kreative Aufgaben interaktiv zu lösen, Probleme in einer virtuellen Wirklichkeit zu bewältigen und mit Spannungsmomenten und Überraschungen umzugehen.

Auch wenn diese virtuelle Wirklichkeit „nur" programmiert ist, macht die Möglichkeit der eigenen Steuerung und der Übernahme von Spielerrollen mit einer gewissen Allmacht („Avataren") den Reiz für Spieler aus. Sowohl die virtuelle Umgebung auf dem Bildschirm als auch das eigene Handeln in dieser Umgebung werden so zum ästhetischen Erleben. Dazu kommt das Zusammenspiel mit anderen, einzeln oder in Teams, bis hin zu Wettkämpfen und ganzen Spielwochenenden.

Das alles erklärt die Faszinationskraft und die rasante Verbreitung von Computerspielen in den vergangenen Jahren, auch wenn ihre erzählerischen Möglichkeiten noch ausbaufähig sind, so der Erfurter Jugendmedienforscher Sven Jöckel.[2] Jöckel betont gleichwohl die Vielfalt im Medienangebot, die kaum noch überschaubar ist. Mal bestehen Computerspiele einfach nur aus dem Erleben von Form und Farbe, mal erzählen sie mythische Fantasy-Geschichten. Mal betonen sie Action und Kampf, mal sind sie sozialkritisch. Sie erlauben es, zum Schurken, zum Edel-

---

[2] Siehe dazu den Band *Computerspiele. Nutzung, Wirkung und Bedeutung* von Sven Jöckel in unserer Reihe „Medienwissen kompakt".

ritter, zum Entdecker, Forscher oder Künstler zu werden. Und längst sind sie auch Gegenstand von Aufklärungs-, Bildungs- und Lernmedien im Alltag.

Trotz dieser Diversität hat sich die öffentliche Diskussion in den vergangenen Jahrzehnten immer wieder auf mögliche negative Folgen des Spielens (Gewalt, Suchtverhalten) verengt. So konnte der Eindruck entstehen, als gäbe es nur Killerspiele und Ego-Shooter. Die gibt es natürlich, und man muss sie nicht gutheißen. Allerdings hat die Kommunikationswissenschaft keinerlei empirischen Belege dafür, dass diese „schwarzen Schafe" unter den Computerspielen ursächlich für Gewaltverbrechen sind. Nachweisen lassen sich dagegen kurzfristige Wirkungen wie zum Beispiel aggressive Gedanken und Vorstellungen beim und unmittelbar nach dem Spielen. Die aber – es hilft ja nichts – gehören zur Kultur, und das seit Menschengedenken. Dafür genügt ein Verweis auf die blutigen Königsdramen Shakespeares. Gleichwohl ist das hemmungslose „Ballern" am Bildschirm nicht unproblematisch, wie auch Computerspielsucht, die in extremen Formen in der Tat krankhaft sein kann.

Inzwischen ist die öffentliche Debatte um Computerspiele abgeflaut. Längst sind die ersten Spielergenerationen erwachsen und haben selbst Kinder, und längst gehört diese Art massenmedialer Unterhaltung zum Alltag aller Generationen. Dem Branchenverband Bitkom zufolge nutzten 2022 mehr als die Hälfte (37 Mio.) der Bevölkerung über 16 Jahre zumindest gelegentlich Computerspiele. Bei den 16- bis 29-Jährigen spielen demnach fast 90 %, in der Altersgruppe der 50- bis 64-Jährigen 54 %. Selbst in der Gruppe der über 65-Jährigen sind es noch 18 %. Die meisten Nutzer sitzen nicht vereinsamt vor dem Bildschirm, sondern spielen mit anderen zusammen.

Auf weitere Formen kreativer Aktivitäten mit Computern und Mobilgeräten gehen wir in Kap. 6 ein.

Kulturauftrag

Wenn es um die mediale Verbreitung von Kultur geht, steht an erster Stelle natürlich die Musik. Sie entstammt zum allergrößten Teil nicht originär den Massenmedien, sondern gelangt aus der Gesellschaft in die Massenmedien hinein, die sie wiederum in die Gesellschaft zurückspielen. Das geschieht heute pausenlos und überall. Es macht Musik so allgegenwärtig, dass uns die Übertragungsleistung der Massenmedien dabei gar nicht mehr bewusst wird. Durchschnittlich fünf Stunden am Tag hört jeder Deutsche – in der Regel nebenbei – Musik aus den Medien, ob in den Kulturprogrammen des Radios oder seinen Pop- und Servicewellen, ob in speziellen Musikfernsehsendern wie MTV oder Deluxe TV, über YouTube, mit Spotify oder anderen digitalen Musikdiensten, ob online, in Videoclips oder von Tonträgern, ob beim Einkaufen, Essen, im Auto, bei Haus- und Schularbeiten, im Kino oder in Werbesendungen.

Der Löwenanteil des Musikkonsums entfällt dabei immer noch auf die öffentlich-rechtlichen und privaten Radiosender, deren Programme zu zwei Dritteln nur aus Musik bestehen. Mehrere hundert UKW-Sender gibt es in Deutschland und etwa 1700 Webradios. Ihr unüberschaubares Angebot an Musikformaten, das wir (wie das Spielfilmangebot) in seiner Fülle hier nicht detailliert betrachten können,[3] wird dominiert von populärer Unterhaltungsmusik. Das entspricht den Vorlieben der Bevölkerung. Etwa 50 % der Deutschen hören nach Angaben der Musikindustrie am liebsten Pop und Pop-Rock bzw. Pop- und Rockoldies, knapp 30 % nennen Hardrock und Heavy Metal, Rap/Hip-Hop oder Dance/Electro als ihre Favori-

---

[3] Siehe dazu den Band *Medien und Musik* von Holger Schramm, Benedikt Spangardt und Nicolas Ruth in unserer Reihe „Medienwissen kompakt".

ten, 15 % bevorzugen Schlager. Für „Klassik" als Lieblings-
genre entscheiden sich rund 5 %.

Sender, die vorwiegend klassische Musik anbieten, wie
etwa NDR Kultur oder WDR 3, haben entsprechend eine
weit geringere Einschaltquote als die Popwellen. Das schmä-
lert ihre Übertragungsleistung oder ihre kulturelle Bedeutung freilich nicht im Geringsten.

Im Zusammenhang mit diesen Rundfunksendern ist auf
eine Besonderheit hinzuweisen, die kulturell keine un-
erhebliche Rolle spielt. Gemeint sind feste künstlerische Institutionen, die sowohl wegen ihrer Übertragungsleistung
als auch wegen ihrer interpretatorischen Eigenleistung bedeutsam sind. So musizieren nach Angaben der Deutschen
Musik- und Orchestervereinigung rund 1200 Personen in
16 verschiedenen Chören, Bigbands und Orchestern, die
von den ARD-Anstalten getragen werden. Dazu kommen
diverse Klangkörper der gemeinnützigen „Rundfunk Orchester und Chöre Gesellschaft". Erwähnt sei in diesem
Zusammenhang auch das Fernsehballett des Deutschen
Fernsehfunks der DDR, das der MDR später über-
nommen hat.

Diese Körperschaften sind nicht unumstritten. Im
Mittelpunkt der Diskussion stehen immer wieder die
Rundfunk-Sinfonieorchester der ARD. Schon in den
Zwanziger Jahren waren in Leipzig, Berlin, München und
Frankfurt eigene Klangkörper der Sendeanstalten ent-
standen. Nach dem Zweiten Weltkrieg setzte der öffentlich-
rechtliche Rundfunk diese Tradition fort, nun mit dem aus-
drücklichen Ziel, „Neue Musik", also zeitgenössische Kom-
positionen, zu fördern und so den Anschluss an das von der
NS-Diktatur unterbrochene moderne Musikgeschehen zu
finden. Sechs ARD-Anstalten (BR, HR, MDR, NDR,
SWR und WDR) verfügen heute über große Sinfonieorchester, SR und SWR über eine gemeinsame „Deutsche
Radio Philharmonie". Ihr Renommee im In- und Ausland

ist außerordentlich groß; sie prägen das Musikland Deutschland und stechen auf dem Tonträgermarkt mit exzellenten Produktionen heraus.

Dennoch sehen sie sich immer wieder in Frage gestellt. Kritiker monieren zum einen die Vielzahl solcher Klangkörper, die einen erheblichen Teil der Rundfunkgebühren für Personal, teure Einspielungen und Tourneen in der ganzen Welt verschlingen. Sie verweisen außerdem darauf, dass diese Kulturorchester ihr ursprüngliches Ziel, Neue Musik (also zum Beispiel Komponisten wie Iannis Xenakis, Mauricio Kagel, Steve Reich oder Hans Werner Henze) zu verbreiten, längst vernachlässigen würden. Stattdessen passten sie sich dem auch von den anderen Kulturorchestern wie etwa den Berliner Philharmonikern oder den Bamberger Symphonikern „rauf und runter" gespielten Kanon der klassisch-romantischen Musik an (Beethoven, Brahms, Tschaikowsky etc.). Tatsächlich zeigte eine Untersuchung in Hannover, dass Neue Musik in den ARD-Anstalten bis in die 70er-Jahre noch eine bedeutende Rolle spielte. Von 1970 bis 1990 dagegen ging ihr Anteil in Sendeminuten im NDR um mehr als zwei Drittel zurück.

Die Befürworter der Rundfunkorchester wie auch der Rundfunkchöre und -Bigbands verweisen ihrerseits immer wieder auf den sogenannten Kulturauftrag, den die Rechtsprechung dem öffentlich-rechtlichen Rundfunk zugewiesen habe. Er rechtfertige eben auch Minderheitenprogramme und kostenintensive Produktionen. Tatsächlich hat das Bundesverfassungsgericht (BVG), vor allem nach der Einführung des Privatfernsehens, mehrfach betont, dass dem öffentlich-rechtlichen Rundfunk die Aufgabe zukomme, eine kulturelle „Grundversorgung" zu garantieren. So heißt es in einem Urteil vom 4. 11. 1986:

> „In der dualen Ordnung des Rundfunks (…) ist die unerläßliche ‚Grundversorgung' Sache der öffentlich-rechtlichen Anstalten, deren terrestrische Programme nahezu die ge-

samte Bevölkerung erreichen und die zu einem inhaltlich umfassenden Programmangebot in der Lage sind. Die damit gestellte Aufgabe umfaßt die essentiellen Funktionen des Rundfunks für die demokratische Ordnung ebenso wie für das kulturelle Leben in der Bundesrepublik. Darin finden der öffentlich-rechtliche Rundfunk und seine besondere Eigenart ihre Rechtfertigung."

Nun könnte der Eindruck entstehen, als würden hier die „demokratischen", also politisch-sozialen Inhalte des Rundfunks *neben* die „kulturellen" gestellt. Tatsächlich zeigt eine Analyse der verschiedenen Rundfunkurteile aber, dass die BVG-Richter beides als *verbunden* sehen und den Rundfunk insgesamt auf die Förderung der „demokratischen Kultur" verpflichten. Dieser Begriff schließt das geistige Leben und die Künste (also auch Sinfonieorchester) ebenso ein wie soziales Handeln allgemein. Obwohl das BVG in allen Urteilen einen „Kulturauftrag" nie explizit formuliert hat und die programmlichen Konsequenzen seiner Rechtsprechung den Sendern überlässt, macht es also einen weiten Kulturbegriff zum Maßstab. Er steht, wie Christopher Wolf in einer medienrechtlichen Dissertation schreibt, für die „Kultur *im* Verfassungsstaat" ebenso wie für die „Kultur *des* Verfassungsstaates". Zu dieser „Kultur des freiheitlichen Verfassungsstaates" solle der öffentlich-rechtliche Rundfunk mit seinem Gesamtprogramm beitragen.

Die Kulturleistung der öffentlich-rechtlichen Medien (wie auch im Vergleich die der Privaten, der Presse und des Internets) muss also mit einem Weitwinkelobjektiv und nicht nur mit einem speziellen Kunst-Zoom eingefangen werden. Medien verbreiten Kultur – das heißt sie spiegeln im Auftrag sozialer Selbstbeobachtung gesellschaftliches Handeln und gesellschaftliche Errungenschaften. Sie tun es – im Grenzbereich von „reiner" Dokumentation und journalistischer Berichterstattung – auf allen Verbreitungswegen und in unzähligen Formaten, Tag für Tag.

So belegen Medien die Prozesse demokratischer Willens- und Meinungsbildung, wenn sie politische Debatten aus Parlamenten (wie der Sender Phoenix) oder Gemeinderäten (wie lokale Zeitungen) im Wortlaut oder zusammenfassend übermitteln. Medien aller Art fangen Standpunkte, politische Argumentationslinien, Auseinandersetzungen ein. In Umfragen erforschen sie Reaktionen darauf. In Features und Hintergrundberichten halten sie fest, wie das politische Gemeinwesen mit seinen gesellschaftlichen Werten im Großen wie im Kleinen organisiert ist und sich entwickelt. Sie legen offen (und manchmal stellen sie auch bloß), wie politische Akteure sprechen und wie sie handeln, um dieses Handeln kritisierbar und damit veränderbar zu machen. In Auslandsreportagen und Reiseberichten dokumentieren sie, wie das politische und soziale Zusammenleben in anderen „Kulturen" beschaffen ist und was daran besser oder schlechter zu sein scheint. In der eingangs erwähnten Studie der ZDF-Medienforschung zum Kulturverständnis in West- und Ostdeutschland ordneten Diskussionsteilnehmer ein Format wie das „auslandsjournal" des ZDF entsprechend auch als „Kultursendung" ein.

Alle politische Kultur wurzelt in der Geschichte. Und nahezu alles, was wir über unser dürftiges Schulwissen hinaus an geschichtlichen Fakten kennen, beziehen wir aus den Massenmedien. Hitlers Aufstieg und Fall, Bismarck und die Reichsgründung, die Geschichte der britischen Monarchie, Stalin und Stalingrad, das Ende der DDR, die Wikinger, Ägypten und die Pharaonen, antike Völker im Orient – keine Fernsehwoche, in der vor allem die öffentlich-rechtlichen Sender nicht Dokumentationen mit Themen dieser und ähnlicher Art anbieten. *Die Zeit, Geo, P.M.* oder *Der Spiegel* haben eigene Geschichtsmagazine auf den Markt gebracht, Wochenzeitungen enthalten Sonderseiten mit Geschichtsthemen. Lokalzeitungen öffnen sich von jeher Heimatforschern und der Lokalgeschichte, und im Internet wimmelt es nur so von historischen Beiträgen und Dokumenten. Wissen als Kultur und Verbreitung von Wissen als kulturelle Leistung – das gilt auch und quantitativ vielleicht noch mehr für die Vermittlung naturwissenschaftlicher, technischer, ökologischer und medizinischer[4] Zusammenhänge in allen möglichen Sende- und Textformaten. Auch diese Bildungsangebote haben in den letzten Jahren sprunghaft zugenommen, und sie sind in einer immer komplexeren Moderne unverzichtbar. Dabei muss man nicht nur an die Prestigemedien und den öffentlich-rechtlichen Rundfunk denken. Ein Wissensmagazin wie „Galileo" (ProSieben) leistet durchaus einen Beitrag zur Zuschauerbildung, selbst wenn es gelegentlich wegen des Infotainmentcharakters in der Kritik steht. Und natürlich hält das Internet ein unerschöpfliches Reservoir an Bildungsofferten zu „Science"-Themen bereit.

Die Liste mit Bildungsthemen, die Massenmedien für die Gesellschaft bereithalten, lässt sich fortsetzen. Zumindest Elemente der Rechtskultur kann man manchen Gerichtsshows entnehmen. Kochshows müssen nicht nur die Eitelkeit der Fernseh-Prominenz bedienen, sondern können auch ein verbessertes Essverhalten anregen. Traditionen und Brauchtum, Erziehung und Schule, soziokulturelle Besonderheiten, Wirtschafts- und Produktionsformen, religiöse Rituale und Glaubensformen, die Präsentation von Fähigkeiten und Laientalenten aller Art – all das gehört zur Kultur einer Gesellschaft, die über Massenmedien vermittelt, verbreitet, gestärkt oder verändert wird. Schließlich wäre, bei aller Kommerzialisierung, der Sport zu nennen. Es ist von besonderer Attraktivität und Symbolkraft, wenn Menschen im Wettkampf ihre körperlichen wie strategischen Fähigkeiten präsentieren. Ohne die Doku-

---

[4] Siehe dazu auch den Band *Medien und Gesundheit* von Doreen Reifegerste und Eva Baumann in unserer Reihe „Medienwissen kompakt".

mentation, Begleitung und Verbreitung durch Massenmedien hätte weder der Profi- noch der Breitensport jene Bedeutung, die er heute in Deutschland hat.[5]

Die Gesamtheit dieser kulturellen Ausdrucksformen im „Verfassungsstaat" kommt nicht nur in den öffentlich-rechtlichen Medien zum Tragen, wie es die Karlsruher Richter verlangen, sondern auch in privaten Medien und in unübersehbarer Vielfalt im Internet. Vergleicht man die beiden Sendertypen des Dualen Systems, so zeigt sich allerdings durchaus, dass der öffentlich-rechtliche Rundfunk eine Hauptverantwortung trägt. Alles in allem wird er ihr auch gerecht. Magazine, Reportagen und Dokumentationen – Sendeformate also, die Alltagskultur vor allem einfangen – machten nach Daten der AGF Videoforschung 2020 ein Viertel der gesamten Zeit aus, die Deutsche vor dem Fernsehgerät verbringen, übertroffen nur von Filmen und Serien mit einem Drittel. Dabei sind die Zeitanteile von Reportagen und Dokus am Angebot des öffentlich-rechtlichen Fernsehens deutlich größer. Die ARD/ZDF-Programmanalyse 2020 zeigt, dass sie in Informationssendungen des Ersten Programms und des ZDF zwei- bis dreimal so hoch waren wie im journalistischen Informationsangebot von RTL. Dort wiederum war der Zeitanteil von Boulevardmagazinen dreimal so hoch wie in den öffentlich-rechtlichen Programmen, der Anteil von gescripteten, performativen oder narrativen Reality-TV-Sendungen mehr als sechsmal so hoch, bei Sat.1 sogar neunmal.

Insgesamt war 2021 laut ARD/ZDF-Programmanalyse das journalistische Informationsangebot des Ersten Programms (41 % an der Gesamtsendezeit) und des ZDF (44 %) markant umfangreicher als das von RTL (26 %), Vox (21 %), Sat.1 (17 %) oder ProSieben (15 %). Sogar

---

[5] Siehe dazu auch den Band *Sport und Medien* von Christoph Bertling und Thomas Schierl in unserer Reihe „Medienwissen kompakt".

über Sport berichten die Öffentlich-Rechtlichen deutlich mehr. Ihre Nachrichtensendungen sind politischer und internationaler ausgerichtet und enthalten, wie auch das Programm insgesamt, mehr Beiträge über wirtschaftliche und gesellschaftliche Ereignisse, Über drei Stunden täglich berichteten Das Erste bzw. das ZDF 2021 über Wirtschaft und Gesellschaft, wozu die Autoren der Programmanalyse auch Beiträge über „Kultur und Medien" und „Bildung/ Wissenschaft/Forschung" zählten. RTL und Sat.1 kamen auf weniger als eine Stunde. Künstlerische Programminhalte (neben Spiel- und Fernsehfilmen etwa Bühnendarbietungen, Kabarett und Konzerte) finden sich außer im ZDF vor allem in den Dritten Programmen der ARD, im deutsch-französischen Kultursender arte sowie in 3sat. Als „Kultur" im engeren Sinne ausgewiesene Informationssendungen nehmen in 3sat allein etwa 20 % der Sendezeit ein. Private TV-Sender setzen bei künstlerischen Genres dagegen vor allem auf Unterhaltungskultur wie Spielfilme oder diverse Show-Formate.

Ähnliche Vergleiche lassen sich zwischen der Vielzahl privater Radiostationen mit ihren Musik- und Informationsbeiträgen sowie den öffentlich-rechtlichen Hörfunkprogrammen einschließlich Deutschlandradio anstellen. Die ARD-Hörfunkstatistik 2020 gibt für dessen Hörfunkangebote Deutschlandfunk und Deutschlandfunk Kultur in der Kategorie „Kultur/Bildung" einen Anteil von stolzen 30 % an der gesamten Programmleistung an. Dazu kommt ein immer noch gewaltiger Markt an Presseerzeugnissen mit Dokumentationen, Reportagen und Kulturbeiträgen aller Art sowie ein noch gewaltigeres Angebot im Internet. Unzählige professionelle, semiprofessionelle und von Laien bereitgestellte künstlerische Inhalte (Chor- und Orchesterkonzerte, Theateraufführungen, Musikvideos, Clips, digitale Kunstformen), historische und mediale Dokumente, Reisevideos, Beiträge zur Alltagskultur, Blogs und andere

Dokumentationen zu Kulturthemen aller Art stehen dort jederzeit auf Abruf bereit. Von den weit über 2000 sogenannten Themenblogs im Netz, die sich nicht als private Online-Tagebücher verstehen, befassen sich nach einer Studie der Universität Hohenheim aus dem Jahr 2014 allein 150 ausschließlich mit Musik. Und Jugendliche nutzen Netz-Inhalte, die sich im weiteren Sinne mit Kultur beschäftigen, intensiv. Etwa die Hälfte der 12- bis 19-Jährigen in Deutschland schaut sich nach Daten des Medienpädagogischen Forschungsverbundes Südwest täglich oder mehrmals in der Woche Musikvideos bei YouTube an. Ein Viertel nutzt regelmäßig „Wissensformate", ein Fünftel „Erklärvideos für Themen aus der Schule".

Medienkultur

Medien verbreiten Kultur. Sie tun es in einem Umfang und in einer Vielfalt wie noch nie zuvor. Aber bedeutet das, dass sie „die" Kultur umfassend und objektiv abbilden? Am ehesten wäre das noch vom Internet zu erwarten, dessen Datenbestände wild und weitgehend ungefiltert ins Unermessliche wachsen. Redaktionell gesteuerte und damit Qualität kontrollierende Massenmedien aber können die Welt und ihre Erscheinungsformen niemals 1:1 abbilden. Die Kultur der öffentlich-rechtlichen Medien ist eine andere als die der privaten, die der Lokalzeitung kommt anders daher als die im Hamburger Nachrichtenmagazin. Was dem homogenen Abbild entgegensteht, ist das Prinzip der Auswahl, auf das Massenmedien angewiesen sind. Der von Werbeeinnahmen und Quoten abhängige Lokalsender muss auf die Marktgängigkeit seines Musikprogrammes setzen. Er präsentiert daher in der Regel eine andere musikalische Wirklichkeit, geprägt von kommerziell in den Markt gedrückten Hits, als zum Beispiel Deutschlandradio.

Aber auch das begleitende Wortprogramm bildet die Wirklichkeit nicht fotografisch ab. Massenmedien haben schon aus Zeit- und Platzgründen keine andere Möglichkeit, als immer nur Ausschnitte aus der Wirklichkeit zu präsentieren, und sie tun das nach festen Kriterien. Dieser Nachrichtenauswahl zugrunde liegt der Nachrichtenwert eines Ereignisses: Ist das, was vermittelt werden soll, interessant und wichtig genug? Erfüllt es bestimmte Kriterien, die das Publikum von Neuigkeiten erwartet? Diese Kriterien oder Merkmale nennt man in der Kommunikationswissenschaft Nachrichtenfaktoren. Dazu zählen zum Beispiel Prominenz, Skandal, Konflikt oder Überraschung. Solche Faktoren begünstigen die Entscheidung, über Sachverhalte zu berichten und sie aktuell zu verbreiten („Agenda Setting"), andere hingegen zu übergehen und zu verschweigen. Die Pressekonferenz der FDP nach einer heftigen Auseinandersetzung innerhalb der Ampelkoalition zieht alle Hauptstadtkorrespondenten selbstverständlich an, die Jahresbilanzkonferenz der Berliner Getränkewirtschaft dagegen nicht. Der neue Roman von John Irving (Prominenz) oder Michel Houellebecq (Skandal) findet lauten Widerhall in allen Medien, der Prosaband der wenig bekannten jungen Autorin aus Braunschweig nicht. Was so im journalistischen Prozess entsteht, ist kein Abbild, sondern ein medienspezifisches Bild von Wirklichkeit. Die Wissenschaft spricht von der Konstruktion von Realität in den Massenmedien. Auf die Kultur bezogen heißt das: Medien verbreiten nicht „die" Kultur, sondern eine bestimmte Medienkultur.

Der Mainzer Kommunikationswissenschaftler Hans Mathias Kepplinger hat sich als einer der Ersten in Deutschland mit der Diskrepanz von *Realkultur und Medienkultur* befasst. 1975 ging er in der so benannten Studie literarischen Karrieren in der Bundesrepublik nach. Kepplinger untersuchte die Berichterstattung des *Spiegels* über 70

Schriftsteller aus dem Umfeld der „Gruppe 47". Für das Jahrzehnt zwischen 1960 und 1971 registrierte er über 1200 entsprechende Beiträge. Davon befassten sich zwei Drittel mit nur 12 Autoren wie Walter Jens, Erich Kuby oder Peter Handke. Ein Drittel aller Artikel konzentrierte sich sogar ausschließlich auf drei Schriftsteller – nämlich Heinrich Böll, Günter Grass und Hans Magnus Enzensberger, die sich in den konfliktreichen 60er-Jahren immer wieder politisch zu Wort gemeldet hatten. Kepplinger folgerte, über „wenige Autoren" werde „extrem häufig", über die „Masse der Schriftsteller nur außerordentlich selten" berichtet. Die Auswahl der Wenigen folge aber nicht literarischen, sondern journalistischen Kriterien, in diesem Fall dem Nachrichtenfaktor Konflikt.

Vieles spricht dafür, dass die journalistische Agenda immer wieder erheblichen Einfluss auf die Publikumsagenda nimmt, also zum Beispiel auf die Vorstellung der interessierten Öffentlichkeit, welche Autorinnen und Autoren aktuell relevant sind und welche man jetzt unbedingt einmal selbst lesen müsse. Plausibel auch die Annahme, dass diese Lenkung der Aufmerksamkeit auf bestimmte Artefakte beim Publikum zur Herausbildung von Geschmack oder zur Übernahme bestimmter Wertehaltungen beiträgt.

Wie solche Prozesse in der Auseinandersetzung von Lesern, Sehern oder Hörern mit Kultur aber genau funktionieren, ist noch kaum erforscht. Welche Bedeutung haben etwa Musikauswahl und Musikmoderation für musikalische Vorlieben der Rezipienten? Fördert Kunst- und Architekturkritik bewusstes Sehen und visuelle Präferenzen? Nimmt die Esskultur durch Kochsendungen zu? Dass Menschen bestimmte Normen und Werte aus den Massenmedien übernehmen, legen Ergebnisse der politischen Kommunikationsforschung nahe. Vertreter der sogenannten Kultivierungshypothese etwa vermuten, dass vor allem das Fernsehen durch regelmäßige Thematisierung dazu beiträgt, im Publikum eine Vorstellung von sozialer Realität entstehen zu lassen oder zu verfestigen. Dazu zählt zum Beispiel die Auffassung von der Rolle der Geschlechter, von der Attraktivität bestimmter Berufe oder dem Stellenwert von Sexualität. Man spricht dann auch von „Enkulturation" durch Massenmedien.

Nun darf man das Medienpublikum aber nicht als ein großes leeres Gefäß verstehen, in das Medien allzeit und ungehindert kulturelle Werte „einfüllen" können. Die Vorstellung von simplen Sender-Empfänger-Prozessen gilt in der Medienwirkungsforschung längst als veraltet. Schließlich gibt es noch andere Instanzen, die am Kultivierungsprozess beteiligt sind, zum Beispiel die Schulen, das Elternhaus, der Freundeskreis, Kirchen, Parteien oder Vereine. Vor allem aber sind da die Nutzer von Massenmedien selbst, die in diesen Prozess ihre eigenen Lebenserfahrungen, Erwartungen, Motive und Bedürfnisse einbringen. Die Kommunikationswissenschaft untersucht das mit dem sogenannten Uses-and-Gratifications-Ansatz. Dabei gilt nicht nur die Erkenntnis „Medien machen etwas mit Menschen". Vielmehr machen Menschen auch etwas mit den Medien. So wie Journalistinnen und Journalisten Nachrichten selektieren und gewichten, so filtern und suchen Rezipientinnen und Rezipienten aus dem Medienangebot heraus, was ihren Erwartungen und Bedürfnissen gerecht zu werden verspricht. Eine homogene Übertragung „der" Medienkultur auf „das" Publikum ist also mehr als unwahrscheinlich. Vielmehr muss man sich Kultivierung als einen sehr heterogenen Prozess vorstellen. Er kann allerdings Teilpublika oder Publikumssegmente zusammenführen, die sich in gesellschaftlichen Tätigkeiten, Interessen oder Sozialisationswegen ähneln. Dann lässt sich von Subkulturen oder Lebensstilen sprechen.

Subkulturen

In dem Wort klingt Aufruhr an, Subversion, Untergrund. Und tatsächlich gibt es Subkulturen, auf die das zutrifft, man denke an Computerhacker oder an die sogenannten Reichsbürger. Im Allgemeinen steht der Begriff heute aber für alle Teilgruppen der Gesellschaft, die sich auf einem bestimmten Handlungsfeld mit eigenem Normensystem von der Mehrheitsgesellschaft dem „Mainstream", abgrenzen. Oft spricht man auch von „Szenen" oder „Lifestyle"-Gruppen. Das können die Anhänger einer Glaubensrichtung sein, die sich von den Hauptkirchen abgespalten hat. Das können Menschen sein, die mit einem festen Regelwerk und internen Codes eine bestimmte Sportart ausüben (zum Beispiel Biker oder Skater), die bestimmte ästhetische (zum Beispiel Sprayer), spielerisch-kompetitive (zum Beispiel Gamer) oder politische und soziale Ziele verfolgen (zum Beispiel die „Letzte Generation").

Die Vielzahl solcher subkulturellen Szenen ist kaum noch überschaubar. Sie verändern sich ständig, verschmelzen miteinander und bringen neue Szenen hervor. Wikipedia führt in einer „List of subcultures" rund 180 Gruppierungen und Aktionsfelder auf, darunter „Biopunk", „Bro-Kultur", „Cosplayer", „Influencer", „Leder-Subkultur" oder gar „Flugzeugbeobachtung". Und diese Wiki-Liste ist bei Weitem nicht vollständig. In unzähligen Social-Media-Gruppen finden sich weltweit Menschen mit gleichgearteten Zielen und Interessen zusammen, die ohne das Internet nie voneinander erfahren hätten (vgl. auch Kap. 6).

Eigen ist allen Subkulturen das Bedürfnis, sich in Lebenshaltungen, Werten und Leidenschaften von der vermeintlichen Normalkultur zu unterscheiden. Ein Distinktionsbedürfnis zeichnet vor allem Jugendkulturen aus. Anders zu sein zu wollen als die ältere Generation ist eine Konstante in der Entwicklung junger Menschen. Der Jugendforscher und Verleger Klaus Farin sprach unter Berufung auf Marketingstudien schon 2001 von „über 400 allein in Deutschland existierenden Jugendkulturen", von unzähligen „Szenen und Cliquen, Gangs und Posses, Tribes und Families mit jeweils eigenem Outfit und eigener Musik, eigener Sprache und eigenen Ritualen" – und das zu einer Zeit, in der das Internet noch nicht so bedeutend war wie heute.

Nahezu alle jugendlichen Subkulturen weisen einen besonderen Bezug zu Massenmedien auf. Medien dienen als Referenzgröße, als Quelle für Aktivitäten und das eigene Wertesystem, seien es Comics, Filme, Computerspiele oder – dies vor allem – Musikmedien. Ihre Inhalte, aus der Medienkultur herausgefiltert, werden zum Gefühlsmanagement genutzt, verschaffen Orientierung und „Sinn" und helfen so, den Lebensalltag zu gestalten. Über Fanzines, Kleidungsstil, Frisur, Piercing, Tattoos oder andere Attribute teilen Jugendliche diese Werte sich und anderen kreativ oder habituell symbolisch mit – ein Grundelement jeder Kultur, so wie wir sie eingangs definiert haben.

Das ist kein unbedingt neuer Trend. Schon die „Wandervogel"-Bewegung zu Beginn des 20. Jahrhunderts hatte ihr eigenes Outfit, ihren eigenen musikalischen Kanon und eigene Zeitschriftenmedien, genauso wie proletarische Jugendgruppen der Weimarer Republik. Die Halbstarken und Rockabillys der 50er-Jahre zogen mit Kofferradios durch die Straßen, belagerten in den Lokalen die Musikboxen und unterstrichen ihren Musikgeschmack mit Kleidungsstilen und Haartrachten, die sie US-Filmen entnahmen – nicht ohne von der Musikindustrie sofort kommerziell vereinnahmt zu werden: Bereits 1960, schreibt Klaus Farin, machten die Plattenfirmen 40 % ihres Umsatzes mit „Teenagermusik". Die kommerzielle Anbindung der Jugendkultur an die Erwachsenenwirtschaft änderte sich auch nicht, als die Hippiebewegung mit anderen Frisuren, anderen Symbolen und anderen Lebenszielen die frühen Rock'n'Roller verdrängte. Eine breit gefächerte kommerzielle Jugend- und Musikpresse (lange tonangebend war die *Bravo*) und eine vielfältige Festivalkultur entstanden. Auf das Kofferradio als Freizeitaccessoire folgten das tragbare Tonbandgerät, der Walkman, schließlich der mp3-Player. Techno- und Hip-Hop-Paraden in den Großstädten sind heute vielleicht der sichtbarste Ausdruck jugendlichen Distinktionsbedürfnisses. Sie werden geprägt und medial grundiert einerseits von intensiv-rhythmischer und stilistisch eindeutig als „anders" identifizierbarer Musik, andererseits von einem Höchstmaß an Diversität, was körperlichen Habitus, Aussehen und Erscheinungsbild angeht.

Subkulturen brechen in der Regel nicht fundamental mit der vermeintlichen Mehrheitskultur, sondern bewegen sich eher parallel zu ihr und tragen sie vielfach auch in der Abgrenzung noch in sich. Die Skinhead-Bewegung der späten 60er-Jahre mit ihren rauen Stilformen übernahm den Wertekanon der britischen Arbeiterklasse, dem viele Skins entstammten, schreibt Klaus Farin. Ihre subkulturellen Feinde, die Mods, gaben durch ihre geschniegelten Frisuren, ihre Musik, ihre Krawatten und Motorroller deutlich eine Affinität zum Mittelstand zu erkennen. Unabhängigkeit von der Elternkultur und zugleich deren Fortentwicklung bezeichnete der Kultursoziologe Phil Cohen als Typikum von Jugendkulturen.

Mit deren Weiterentwicklung, mit allen Phänomenen von Alltagskultur, mit der Identität von Teilgruppen und ihrer kulturellen Entkopplung bzw. kommerziellen Anbindung an die Mehrheitsgesellschaft beschäftigt sich seit den 60er-Jahren der interdisziplinäre und sehr disperse Forschungsansatz der „Cultural Studies". Ihre Vertreter haben nicht nur zur Anerkennung des weiten Kulturbegriffs („the whole way of life", Raymond Williams) entscheidend beigetragen. Sie haben auch den Blick darauf gelenkt, dass Kultur zwar wesentlich über Medien verbreitet wird, aber dabei nicht einfach von den Medien auf die Rezipienten übergeht. Sie entsteht vielmehr während des Rezeptionsprozesses neu, weil sich gesellschaftliche Gruppen das an Kultur aktiv aneignen und kreativ umdeuten, was ihnen je nach Lebenssituation, Bedürfnissen und Erwartungen nützlich zu sein scheint. So spricht der französische Kulturtheoretiker Michel de Certeau von der „kulturellen Aktivität von Nicht-Kulturproduzenten" und nennt den alltäglichen Konsum von Produkten der Kulturindustrie im Gegensatz zu Adorno einen wertvollen Prozess der Bedeutungskonstruktion. Der französische Forscher hat eine der Leitvorstellungen der Cultural Studies formuliert, wenn er schreibt: „Das Alltagsleben wird konstituiert durch populärkulturelle Praktiken und ist gekennzeichnet durch die Kreativität der Schwachen bei der Verwendung der Ressourcen, die ihnen von einem entmächtigenden System zur Verfügung gestellt werden."

5

Medien kritisieren Kultur

Zusammenfassung Im folgenden Kapitel geht es um Kulturjournalismus. Diese Spielart der Massenkommunikation ist seit dem 18. Jahrhundert von herausragender Bedeutung für die kritische Selbsteinschätzung der Gesellschaft und die kommentierende Verbreitung von Wissen und Bildung. Im Feuilleton hat sich der Kulturjournalismus ein eigenes Ressort geschaffen, das in der deutschen Publizistik stets eine besondere Rolle spielte. Darum lohnt auch der Blick auf seine besonderen Inhalte und Vermittlungsformen. Was das Publikum vom Kulturjournalismus erwartet, welche Wirkungen er hat und was Kulturjournalistinnen und -journalisten kennzeichnet, verrät dieser Teil des Buches ebenfalls.

Wenn Kultur in allen Lebensäußerungen enthalten ist, mit denen Menschen ihre Umwelt gestalten, dann sind auch alle journalistischen Beobachtungen menschlichen Handelns im

© Der/die Autor(en), exklusiv lizenziert an Springer Fachmedien Wiesbaden GmbH, ein Teil von Springer Nature 2024
G. Reus, *Medien und Kultur*, Medienwissen kompakt,
https://doi.org/10.1007/978-3-658-44088-6_5

weitesten Sinne „Kulturberichterstattung". Der Börsenreport gehört folglich ebenso dazu wie die TV-Reportage über Nachwuchssportler, der Medizin-Blog ebenso wie der Kommentar zur Sozialpolitik oder zum Straßenbau. Dennoch ist seit dem 18. Jahrhundert in der Presse ein eigenes Kulturressort entstanden, das sich zunächst durch einen Querstrich auf den Zeitungsblättern und schließlich durch eigene Seiten abhob. Auch wenn der Kulturbegriff im Zeitalter der Aufklärung deutlich breiter war, widmete sich dieser neue Zeitungsteil (in der Nachfolge der moralischen und gelehrten Zeitschriften, vgl. Kap. 3) vorrangig jener besonderen symbolischen Gestaltung menschlicher Beziehungen, Haltungen und Gefühle, die wir Kunst nennen. Er gewann vor allem in der deutschen Publizistik Bedeutung. Das hat zwei Gründe.

Ein Blick auf die Geschichte …

Bis in die zweite Hälfte des 19. Jahrhunderts hinein war Deutschland ein territorial zersplitterter Verbund von Kleinstaaten, deren Fürsten alle darauf bedacht waren, Größe zu behaupten. Der Glanz, der von der Kunst auf ihren Hof abstrahlte, eignete sich hervorragend dazu. So leisteten sich auch winzige Herzogtümer nicht nur eigene Hofbaumeister, sondern auch eigene Theater oder Hoforchester. Deren weltweit einzigartige Vielzahl prägt das Land noch heute. Als sich diese Spielstätten im späten 18. Jahrhundert allmählich auch dem Bürgertum öffneten, ergaben sich für die Pressemedien, die sich ebenso in großer Zahl entwickelt hatten, reiche Anlässe zur kulturellen Berichterstattung. Dies galt zunächst für die Zeitschriften, dann aber auch für die rasch wachsende Zahl der Tagesblätter. Das war der erste Grund für die spezielle Blüte des Feuilletons in Deutschland.

Die Pflege des Imaginativen und Künstlerischen kaschierte dabei lange Zeit die politische und wirtschaftliche

Rückständigkeit der deutschen Kleinstaaten. Diese Rückständigkeit speiste im deutschen Sprachraum wiederum eine reiche Belletristik, die zumindest in Gedanken um Größe, Freiheit und Schönheit rang. Konnte Deutschland mit der wirtschaftlichen und technischen Moderne Englands oder Frankreichs und deren demokratischer Verfasstheit auch lange nicht mithalten, so verschaffte es sich doch als „Land der Dichter und Denker" Anerkennung und mediale Bedeutung. Es ist kein Zufall, dass unmittelbar nach der Französischen Revolution, als Journalismus im reaktionären Deutschland schärfster Zensur unterlag, ein neuer Zeitungstyp auf den Markt gelangte. Er setzte nicht mehr auf politische Berichterstattung, sondern ausschließlich auf Berichte über Kunst.

So trug das „unpolitische Feuilleton" über politische Repression und Unfreiheit hinweg. So half es aber auch – wie die nun jedermann zugänglichen Kunststätten, wie die Lesungen, Klavierabende und Diskussionen in den bürgerlichen Salons oder die Debatten in den Lesezirkeln und Kaffeehäusern –, in Deutschland ein zivilgesellschaftliches Selbstbewusstsein zu formieren. Das ist der zweite Grund, warum das Feuilleton gerade hier aufblühte. In den folgenden Jahrzehnten, speziell in der Zeit vor der Märzrevolution 1848, entwickelten Feuilletonisten zudem die Technik, in ihren Kunstberichten zwischen den Zeilen politische Botschaften zu vestecken. Auch diese Eigenart der Camouflage, die das Ressort zu einer Art Zeitung in der Zeitung werden ließ, zählt zu den Besonderheiten des deutschen Feuilletons und stärkte seine Rolle in der Pressegeschichte.

Im Mittelpunkt des „Feuilletonismus" stand und steht bis heute die Kritik kultureller Entwicklungen und Produkte. In der Rezension fand sie ihre eigene Textform. Dieses Genre war erstmals in den Zeitschriften der frühen Aufklärung aufgetaucht (siehe Kap. 3). Dabei gingen die wissenschaftlichen Blätter voran. Streitbar, polemisch und vielfach einer streng normativen Ästhetik folgend, musterten die Gelehrten in den „Gelehrten Journalen" die Schriften ihrer Kollegen. Kritik war noch vor allem Buchkritik.

Allmählich entstanden die ersten Fachorgane. Bereits 1688 war der Leipziger Philosoph und Jurist Christian Thomasius mit den *Scherz- und ernsthafften, vernünftigen und einfältigen Gedanken über allerhand lustige und nützliche Bücher und Fragen* vorausgegangen, einem Blatt, das als erste Literaturzeitschrift in deutscher Sprache gilt. Vorrangig um Bücher und Schriften ging es aber auch in den Fachjournalen anderer Disziplinen, wie etwa der *Critica Musica* (1722) des Hamburger Kantors und Kapellmeisters Johann Mattheson. Der Weg hin zu Rezensionen von „Kulturevents", also von lebendiger Aufführungspraxis in den Theatern und Konzertsälen, war noch lang. Diese Räume mussten für ein bürgerliches Publikum zunächst einmal zugänglich werden. Das setzte sich erst in der zweiten Hälfte des 18. Jahrhunderts langsam durch. Damals plädierten die Publizisten Johann Adam Hiller oder Johann Friedrich Reichardt dafür, Rezensionen sollten doch auch „die Wirkung und Ausführung musikalischer Stücke zu dem Gegenstande ihrer Untersuchungen machen". Etwa zur gleichen Zeit (1765–77) führte Gotthold Ephraim Lessing mit seiner *Hamburgischen Dramaturgie*, einer losen Folge von Reflexionen, Aufführungs- und Schauspielerkommentaren, die Theaterkritik aus der Theorieenge des Barockzeitalters.

Chronistenpflicht im Sinne einer regelmäßigen öffentlichen Beobachtung von Kunstereignissen erwächst der Presse aber erst um 1800 mit der Tagespublizistik. Lange Zeit haben sich die Zeitungen damit begnügt, in Meldungen und Korrespondenzen auf musikalische Ereignisse, Künstler oder Kuriosa lediglich zu verweisen. Diese knappen Hinweise reichern sich nun langsam mit Attributen, Vergleichen und Werturteilen an. Auch der Reporter-Blick für das soziale Ereignis „Aufführung" schärft sich. So berichtet der Korrespondent des *Welt- und Staatsboten* 1780 von einem Konzert in Köln, bei dem Damen aus dem Publikum vor Begeisterung derart die Contenance verloren, dass sie auf Stühle und Bänke stiegen und mit den Füßen trampelten.

Um diese Zeit kommt also ein neuer Typus von Kulturzeitungen auf. Als die deutschen Kleinstaaten mit schärfster Zensur auf die Umwälzungen in Frankreich nach 1789 reagieren, haben Zeitungsverleger die Idee, Tageszeitungen zu gründen, die auf Politisches zugunsten von Musik, Theater oder Literatur einfach verzichten. Sie treten neben die kulturellen Fachjournale, wenden sich aber nicht an Kulturexperten, sondern an Liebhaber. Damit erreichen sie eine weit größere Käufergruppe. Das Bürgertum der Städte beginnt, bei Liederabenden, Konzerten, Soirées und Bühnenspektakeln wenn schon keine politischen Freiräume, so doch Kulturräume für sich zu erobern, und es will seinen Geschmack nun auch publizistisch gespiegelt sehen. Kommunikationsschranken öffnen sich.

Diese Kulturzeitungen[1] (sie heißen *Zeitung für die elegante Welt*, *Morgenblatt für gebildete Stände* oder *Der Freimüthige*) formen den Typus der Rezension aus, den wir heute kennen: Sie gehen auf Einzelleistungen von Interpreten ebenso ein wie auf den künstlerischen Gesamteindruck, sie benutzen Wertungsattribute, die sehr heutig anmuten („brillant", „glänzend", „manieriert") und berücksichtigen die Rahmenbedingungen des Kulturlebens. Dazu kommt, dass hier, aber auch in den Fachjournalen nun eine Generation von Rezensenten schreibt, die im Geist der Romantik das fühlende und erlebende Subjekt als Medium der Kritik anerkennt. Metaphern, Allegorien und „Poesie"

---

[1] Seit dem 1. Dezember 2023 erscheint in Wien mit der crowdfinanzierten Monatszeitung „Das Feuilleton" ein interessantes spätes Nachfolgeprojekt.

verdrängen den terminologischen Ballast und die kalte Starre der überkommenen Kunstgesetze. Die Rezension wird so, etwa bei Musikkritikern wie E.T.A. Hoffmann, Robert Schumann oder Heinrich Heine, zur Erzählung und „Gegendichtung" (Schumann).

Mitte des 19. Jahrhunderts haben sich die Kulturzeitungen überlebt. Sie sind in der allgemein informierenden Tagespresse aufgegangen, die nach 1848 einen Aufschwung erfährt. Zwischen 1845 und 1870 steigt die Anzahl der Zeitungen in Deutschland von etwa 1000 auf 2200. Dort, im neuen Ressort „Feuilleton", wird die Rezension als Form täglicher kultureller Selbstbeobachtung nun Chronistenpflicht. Namhafte Vertreter wie der Berliner Musikkritiker Ludwig Rellstab, der Theaterkritiker Theodor Fontane oder der Wiener Musikjournalist Eduard Hanslick treten als Meinungsführer auf. Rellstab mit seiner persönlichen Fehde gegen den Berliner Generalmusikdirektor Spontini und Hanslick mit seiner Dauer-Polemik gegen Richard Wagner beweisen dabei durchaus Machtbewusstsein.

Das rasante Wachstum der Massenpresse an der Schwelle zum 20. Jahrhundert (1906 erscheinen bereits 4200 Zeitungen in Deutschland) begünstigt aber nicht nur Rezensenten-Stars, die die Auflage fördern. Die vielen Blätter werden auch von Nebenbeikritikern mit publizistischem Mittelmaß und Dilettantismus hastig gefüllt. Bis heute nehmen Teile des Kulturpublikums „die Kritiker" sowohl als übermächtig wie auch als ahnungslos und oberflächlich wahr.

Nach dem Ersten Weltkrieg setzt sich dieser Trend fort. Als große und einflussreiche Kritikerfiguren ragen aus dem Rezensionsalltag etwa Alfred Kerr (Theater), Kurt Tucholsky (Literatur) oder Paul Bekker (Musik) heraus. Die kurze Blüte des Weimarer Feuilletons bricht jäh ab mit der Machtergreifung der Nationalsozialisten. 1936 erlässt

NS-Propagandaminister Goebbels ein Kritikverbot. An die Stelle der Rezension, die nun als zersetzend und „jüdisch" diffamiert wird, soll die völkische „Kunstbetrachtung" treten. Viele Kritiker werden drangsaliert, umgebracht oder ins Exil getrieben.

In der DDR vielfach den Direktiven des Parteiapparates unterworfen, kann sich das Feuilleton im Westen Deutschlands allmählich wieder zu einer beachtlichen publizistischen Größe entfalten. In der Bundesrepublik gibt es heute etwa 170 Tages-, Wochen- und Wochenendzeitungen mit Kulturredaktionen und kulturverwandten Ressorts. Hinzu kommen rund 1300 Anzeigenblätter und etwa 800 Publikumszeitschriften, die ebenfalls über kulturelle Neuheiten berichten. Viele Zeitschriften sind wirtschaftlich gefährdet. Anders als befürchtet, ist es in den Tageszeitungen seit Beginn der Pressekrise jedoch zu keinem dramatischen Abbau der „Kultur" gekommen. Die Zahl der Beiträge im Zeitungsfeuilleton hat zwar in den letzten Jahren abgenommen, ihr Umfang ist dagegen deutlich angestiegen. Kulturmagazine in Radio und Fernsehen sehen sich indessen vom Programmumfeld zunehmend an den Rand gedrückt (Sendeplatz, -dauer). Andererseits hat die Vervielfältigung der Kanäle auch eine Reihe anspruchsvoller „Kultursender" wie arte oder 3sat hervorgebracht.

Im Netz existieren nach einer Inhaltsanalyse der Universität Hohenheim bereits 2014 knapp 1000 Themenblogs, die sich ausschließlich mit „Kultur" befassen (siehe das folgende Kapitel). Das entspricht 40 % aller deutschsprachigen Themenblogs im Internet überhaupt. Die Autoren, überwiegend Einzelpersonen, sind zum Teil professionelle Journalisten, zum Teil Amateure. Maßgebend für die Kunstszene sind aber auch im Internetzeitalter nach wie vor die Zeitungen, die wir im Folgenden deshalb eingehender betrachten.

... und auf die Gegenwart des Feuilletons

Die enge Bindung der Zeitungen in Deutschland an die Schönen Künste lebt auch im modernen und publizistisch immer noch tonangebenden Pressefeuilleton fort. Das zeigte eine eigene Inhaltsanalyse lokaler, regionaler und überregionaler Tageszeitungen an der Hochschule für Musik und Theater Hannover, mit Daten aus drei Jahrzehnten, auf die wir uns im Folgenden stützen.

Die Auswertung von über 1200 Feuilletonbeiträgen ergab zunächst, dass deren absolute Zahl 2011 im Vergleich mit den Untersuchungsjahren 1983, 1993 und 2003 zwar zurückgegangen war. Dafür hatte ihr Umfang aber deutlich zugenommen. Ein Trend zum vielbeklagten „Häppchen"-Journalismus, der kritischer Auseinandersetzung keinen Raum mehr lässt, war nicht nachweisbar. Auch ein Abbau des Feuilletons bestätigte sich nicht; sein Gesamtumfang blieb (bis auf den Kulturteil der *FAZ*) stabil, in den Lokal- und Regionalzeitungen war er sogar deutlich angewachsen.

Die Kunstgenres Musik, Literatur, Theater und Bildende Kunst zusammen machten 2011 mehr als zwei Drittel aller Kulturbeiträge aus. Zählt man auch Film und Architektur zu den Kunstthemen, so steigt deren Anteil sogar auf 82 %. Nicht-künstlerische Berichterstattungsanlässe wie Ernährung, Mode, Bildung, Religion, Medien oder Politische Kultur kamen zusammen nur auf 18 %. Selbst wenn man berücksichtigt, dass unter Literatur und Film auch Sachbücher und Dokumentarfilme fallen und Architekturkritik sich nicht nur mit Gestaltungsfragen, sondern auch mit Stadtplanung und Baupolitik auseinandersetzt, ist der hohe Kunstanteil augenfällig. Das ist in den ausgewiesenen Kulturmagazinen von Hörfunk und Fernsehen nicht anders. Vergleichsdaten zeigen zudem, dass die Dominanz von Kunstthemen nicht rückläufig ist, sondern zunimmt.

Der Anteil von Feuilletonberichten über sozio- und alltagskulturelle Themen verharrt also auf niedrigem Niveau. Dies mag man vom Standpunkt eines weiten, soziologisch geprägten Kulturbegriffs aus bedauern. Der beachtliche Umfang von Beiträgen über die „Schönen Künste" reflektiert andererseits die Vielzahl künstlerischer Angebote und Leistungen, die unsere Freizeitgesellschaft zunehmend hervorbringt. Sie finden Tag für Tag ihr Publikum und bedürfen darum auch steter journalistischer Aufmerksamkeit. Die Verfasser von Kunstbeiträgen diskutieren außerdem innerhalb ihrer Musikberichte, Theaterkritiken oder Buchbesprechungen ja auch alltagskulturelle Aspekte oder setzen sich mit gesellschaftlichen und politischen Streitfragen auseinander.

Als Alltagskultur aufgewertet wurde in den vergangenen Jahrzehnten überdies unterhaltungsbetonte und populäre Musik, was zu einem beachtlichen Anstieg von Musikthemen im Feuilleton führte. Sie allein machten 2011 nahezu ein Viertel aller Kulturbeiträge aus. Popmusik in allen Schattierungen (und damit auch die Auseinandersetzung mit dem gesellschaftlichen Phänomen Pop) findet im Feuilleton heute nicht weniger Aufmerksamkeit als die sogenannte E-Musik. Dies kann als Beleg dafür herhalten, dass sich das Ressort längst nicht mehr so elitär gebärdet, wie man ihm immer wieder vorwirft.

Völlig gegenstandslos sind solche Vorwürfe nach der Gesamtschau aller Kunstberichte aber auch nicht. So fand das populäre und alltagsnahe Medium Film 2011 mit 10 % aller Beiträge deutlicher weniger Beachtung als das Theater mit 16 %, obwohl die Kinos in Deutschland nach den Zahlen der Filmförderungsanstalt FFA im langjährigen Durchschnitt (2001–2022) etwa 125 Mio. Besuche jährlich verzeichnen. Die öffentlich geförderten Theater kamen dagegen mit den Sparten Schauspiel, Oper, Operette, Musical, Tanz sowie Kinder- und Jugendtheater zum Beispiel in der Vor-Corona-Spielzeit 2016/17 auf 15,3 Mio. Besuche jährlich.

Auch ein Blick auf die sogenannten Arenen einzelner Kunstgenres zeigt Verwerfungen. So schreiben Theaterkritiker weit häufiger und länger über Aufführungen und Akteure der großen, etablierten Häuser als über Bühnen mit einem anders gestalteten Spielplan, mit eher namenlosen Darstellern und einem häufig ganz anders zusammengesetzten Publikum. Beiträge über das bildungsbürgerliche Repertoire der Stadt-/Staatstheater und -opern sowie der Landesbühnen machten in überregionalen und regionalen Zeitungen zusammen 55 % aller Theaterartikel aus, in der *FAZ* sogar 74 %. Privattheater, also Musical-, Boulevardund sonstige auf bestimmte Genres spezialisierte Bühnen, kamen zusammen nur auf 17 %.

Über „Off"-Theater (also meist semi-professionelle Bühnen mit geringer oder gar keiner öffentlichen Förderung, darunter Kinder- und Jugendbühnen) berichteten Feuilletonjournalisten trotz der Fülle solcher Theater in nur 7 %, über Laientheater in nur 1 % aller Fälle. Die *FAZ* nahm beide Theaterformen nicht ein einziges Mal im Feuilleton zur Kenntnis. Natürlich übergehen die Zeitungen diese weniger renommierten Arenen nicht einfach, sondern berichten darüber an anderer Stelle im Blatt, im Lokalteil zum Beispiel. Indem sie sie aus dem Feuilleton ausschließen, vertreiben sie aber diese kleineren Theater aus dem Tempel der Künste.

Kennzeichen der Kunstberichterstattung im Feuilleton ist die Dominanz der Textform Rezension. 35 % aller Beiträge, die sich 2011 in den untersuchten Zeitungen mit dem aktuellen Kunstgeschehen auseinandersetzten, kamen als Auseinandersetzung mit Einzelereignissen daher. Das kann man als einfallslose „Monokultur" kritisieren, die sich bequem auf die Wahrnehmung von Terminen und auf Routinevorgänge zurückzieht, statt sich Gedanken darüber zu machen, wie die Leserschaft des Feuilletons besser angesprochen und vielleicht vergrößert werden könnte. Tatsächlich zeigte eine Untersuchung des Kulturteils der *Sächsischen Zeitung* mit dem sogenannten Readerscan, dass Leser für Kritiken über Kunstereignisse, denen sie selbst nicht beigewohnt haben, nur wenig Interesse zeigen. Sie übergehen sie bei der Zeitungslektüre häufig einfach. Kunstgeschehen als Abfolge von Einzelereignissen abzubilden, so kann man weiter bemängeln, stellt auch nur ungenügend Zusammenhänge und Verständnis für Entwicklungen her. Das ähnelt dann einer Politikberichterstattung, die sich nur auf Nachrichten beschränkt und so ein kontextloses, letztlich nutzloses Wissen hervorbringt.

Für die Kunstrezension wiederum lässt sich ins Feld führen, dass sie nicht nur ein traditionsreiches und einzigartiges Genre darstellt, das viele unterschiedliche journalistische Ausdrucksformen in sich vereint. Sie dient auch einer Chronik der laufenden Ereignisse – und damit einem journalistischen Ziel par excellence. Auf dem Gebiet der performativen Künste wie Musik, Theater oder Tanz gäbe es keine Erinnerung, kein Gedächtnis ohne die Augenzeugenschaft von Kritikern. Dem Publikum können Rezensionen mit ihren Beschreibungen, Analysen und Vergleichen eine Schule des Sehens, Hörens und Lesens sein. Für die Urheber künstlerischer Ereignisse bedeuten sie auf jeden Fall Anerkennung durch Aufmerksamkeit, auch wenn die Urteile nicht immer wohlwollend ausfallen.

In der Regel tun sie das allerdings. Das belegen etliche andere Untersuchungen ebenso wie unsere Studie aus Hannover. Dort werteten die Feuilletonisten in 51 % aller Meinungsbeiträge überwiegend positiv und nur in 12 % überwiegend negativ. Dabei zeigt der Vergleich von Zeitungstypen, dass Regional- und Lokalblätter noch kunstloyaler oder affirmativer sind als die Leitmedien *FAZ* und *Süddeutsche Zeitung*. Die landläufige Vorstellung, Kritikerinnen und Kritiker schrieben lieber Verrisse und negative Wertungen dominierten in ihren Besprechungen, ist ein Zerrbild.

Über die Ursachen des Kritiker-Wohlwollens lässt sich nur spekulieren. Grundsätzlich dürfte der alte Anspruch des Feuilletons, Geschmack zu bilden und „Gutes" zu fördern, eine Rolle spielen. Überdies ist dem Zeitungsfeuilleton in den vergangenen Jahren im Internet mit seiner Heerschar von Bloggern ein ernsthafter Konkurrent entstanden, der sich auffällig positiv mit Kunstthemen auseinandersetzt (vgl. das folgende Kapitel). Die Analyse eines großen Samples von Popmusikblogs in Hannover zum Beispiel ergab, dass keine einzige Wertung in diesen Beiträgen negativ war. Durch diesen Rezensionsrivalen könnte sich das Feuilleton als Auswahl- und Urteilsinstanz herausgefordert sehen und verstärkt auf eigene Empfehlungen setzen. Die allgemeine Ausrichtung der Medien am Servicegedanken mag dies unterstützen. In den lokalen Kulturredaktionen begünstigt die Nähe zu den Protagonisten in der eigenen Stadt zweifellos die positive Haltung der Kritik.

Soll die Kunstberichterstattung denn eher loben, oder soll sie eher tadeln? Soll sie in erster Linie der Kunst dienen oder vorrangig Publikumserwartungen bedienen? Soll sie als „Vox populi" Künstlern klar machen, was das Publikum will? Oder soll sie als Dolmetscher dem Publikum erklären, was Künstler eigentlich wollen? Das ist seit eh und je umstritten. Auf Normen für ein klares Entweder-Oder lässt sich dabei ebenso wenig zurückgreifen wie auf ein verbindliches ästhetisches Regelwerk, das den Rezensenten im 18. Jahrhundert noch zur Verfügung stand. Einigkeit herrscht in der Dienstleistungswelt moderner Medien aber darüber, dass die Betrachtung der Künste im Feuilleton vorrangig eine *journalistische* und keine künstlerische Aufgabe darstellt. Daran ändert auch die Tatsache nichts, dass in der Geschichte des Feuilletons immer wieder Künstler selbst das Wort ergriffen (und sich dabei nicht selten im Ton ver-griffen) haben. Was der Kritiker Marcel Reich-Ranicki mit Blick auf die Literaturkritik formulierte, hat Gültigkeit auch für alle anderen Kunstsparten: „Was ist Kritik? Ich glaube, eine Kreuzung von Journalistik und Wissenschaft. Die Kritik ist keine Begleiterscheinung der Literatur. Es hat Jahrhunderte und Jahrtausende der Literatur gegeben ohne Kritik. Die Kritik ist vielmehr eine Begleiterscheinung der modernen Presse. Ohne Gutenberg keine Kritik."

Mit welcher Tendenz und welchen Schwerpunkten auch immer die Kunstbetrachtung in Massenmedien auftritt, so bleibt es stets ihr Hauptanliegen, Öffentlichkeit herzustellen. Sie eröffnet einen Kommunikationsraum, den prinzipiell jedermann betreten kann und der jedermann befähigen soll, künstlerische Ausdrucksformen zu erkennen und sich damit auseinanderzusetzen. Dieser „Jedermann", das Medienpublikum, ist Auftraggeber des Feuilletons. Indem das Ressort den Auftrag des Publikums erfüllt, handelt es zugleich im Interesse der Kunst. Es sorgt dafür, dass sie ins Gespräch kommt und im Gespräch bleibt.

Ein Gespräch besteht aus der Übermittlung von Information, es dient dem Austausch von Argumenten und Ansichten, und es ist schließlich – im doppelten Sinne – Unterhaltung. Genau das sind auch die wesentlichen Bedürfnisse, die das Kunstpublikum von Kunstbesprechungen erfüllt sehen möchte. Das ergaben unter anderem eigene Besucherbefragungen am Staatstheater Hannover. Danach sind den Gästen der Bühnenhäuser Information, Beschreibung und Vermittlung von Wissen im Feuilleton am wichtigsten, wichtiger noch als Kritikermeinungen oder eine unterhaltsame „Schreibe". Anders, als Rezensenten selbst vielfach glauben, legt das Publikum bei der Lektüre des Feuilletons keineswegs den größten Wert auf das explizite Urteil professioneller Beobachter. Es ist der meinungsbetonten Form der Rezension zwar nicht überdrüssig. Weit wichtiger als eindeutiges Bewerten ist ihm aber, dass Journalistinnen und Journalisten zusätzliche Informationen zum Beispiel über die Hintergründe einer Aufführung oder über kulturpolitische Zusammenhänge an das Publikum ihrer Meinungsbeiträge weitergeben. Das konnte auch der Erfurter Kommunikationswissenschaftler Patrick Rössler nachweisen. Er zeigte in einer Doppelbefragung, dass die Leserinnen und Leser von Filmrezensionen in erster Linie Wert auf sachliche Information und nicht auf Urteile legen; Filmkritiker sahen dagegen das Urteilen als wichtigsten Teil ihres Schreibens an.

Dazu passt, dass die in Hannover befragten Theater- und Opernbesucher zwar einen gelegentlichen Einfluss der Feuilletonbeiträge auf ihr Besuchsverhalten einräumten (zu diesem Ergebnis kam auch eine Analyse von 3000 Opernkritiken des Münchner Kommunikationswissenschaftlers Wolfgang Schweiger). Aber Einfluss auf ihren eigenen Kunstgeschmack sprachen sie der Kritik kaum zu. Am wenigsten wünschten sie sich eine „ästhetische Erziehung" durch die Medienberichterstattung. Dies dürfte um so eher gelten und auf andere Publika übertragbar sein, je mehr die Menschen sich selbst auf einem Kunstgebiet als Experte empfinden können und über viel eigenes Wissen verfügen, wie zum Beispiel bei populärer Musik oder Filmen. So zeigten die Mainzer Kommunikationswissenschaftlerinnen Sabine Holicki und Michaela Krcho experimentell, dass der Verriss einer Filmproduktion Menschen keineswegs vom Kinobesuch abhält. Er kann ihn im Gegenteil sogar stimulieren, dann nämlich, wenn der Film Neugierde weckt und die eigenen Genrevorlieben bedient.

Besser geht's immer

Offensichtlich ist das Kulturpublikum, zu dessen Geschmacksbildung das Feuilleton im 18. Jahrhundert angetreten war, mündiger geworden und vertraut heute mehr auf die eigene Urteilskraft. Das bedeutet aber auch, dass sich das Feuilleton um die Weitung seiner traditionellen Themen und Inhalte bemühen muss. Das wiederum bedeutet nicht nur, jene alltags- und soziokulturellen Sujets stärker zu berücksichtigen, die wir bereits mehrfach angesprochen haben. Auch bei den „klassischen" Gegenständen kann es besser werden.

Auf dem Gebiet der **Musikkritik** ist der Aufbruch zu neuen Ufern schon am deutlichsten zu spüren. Dabei gilt sie als die schwierigste Feuilletonsparte. Musik ist flüchtig. Das schafft bei CD-Besprechungen keine Probleme, bei Live-Konzerten aber ist über Qualität sofort und ohne Bedenkzeit zu befinden, und die Befunde sind, einmal ausgesprochen, schwer nachprüfbar. Dabei geht es in E-Konzerten mit ihren längst kanonisch erstarrten Programmen oft nur noch um musikalische Interpretationsnuancen, während die Welt des Pop sich immer wieder selbst zitiert und geradezu vom Eklektizismus lebt.

Musik ist ferner allgegenwärtig. Sie umspült uns (ob mit oder ohne Knopf im Ohr) in jeder Lebenssituation und meist, während wir andere Dinge tun. Sie setzt Gefühle frei, und Menschen nutzen sie in der Regel auch, um gezielt Emotionen und Stimmungen hervorzurufen (*mood management*), nicht um „kritisch" zu hören. Schließlich verschließt sich Musik einer klaren Übersetzung in Sprache. Dazu kommt, dass die „Laienexpertise" von Fans der Popmusik mit ihrer unendlichen Vielfalt an Stilen und Szenen das Wissen von Kritikern weit übertreffen kann. Für Fans hält das Web 2.0 ohnehin Tipps, Informationen und Bewertungen zu „ihrer" Musik ohne Ende bereit, in Datenplattformen, Blogs, Microblogs, Online-Communities und sozialen Netzwerken. Das stellt die Daseinsberechtigung journalistischer Vermittler durchaus in Frage.

Gleiches gilt für den Einfluss der Musikindustrie. Dass sie mit Anzeigen, Interviewreisen, vorgefertigten Interviews und Porträts, „Listening sessions" oder sogenannten Medienpartnerschaften ununterbrochen Einfluss auf die Medien nimmt, ist augenscheinlich. Vielleicht eine noch größere Gefahr für die Unabhängigkeit der Musikkritik sind aber die Beziehungen zu Künstlern. In einer Studie aus Hannover zu ihrem Berufsalltag und den Berufsbedingungen sagten Musikjournalisten, am ehesten (und deutlich mehr als PR oder Werbung) hätten solche persönlichen „Verbandelungen" mit Musikerinnen und Musikern Einfluss auf ihre Arbeit. Kritische Distanz dürfte das nicht gerade erleichtern.

Und dennoch: Über das so schwer in Worten Fassbare kann keine Redaktion schweigen. Informationen über Musik sind beim Medienpublikum insgesamt die beliebtesten Informationen überhaupt, noch vor Themen wie Gesundheit oder Umwelt und deutlich vor allen anderen Kulturthemen. Das ergab 2006 eine Repräsentativbefragung der SWR-Medienforschung. Die Feuilletons deutscher Zeitungen reagieren auch darauf. In der Rangfolge der am meisten aufgegriffenen Kulturthemen, so zeigte unsere Inhaltsanalyse von 2011, nimmt Musik heute unangefochten den ersten Platz ein. Dabei ist neu, dass Popmusik mit der Musik des 18. und 19. Jahrhunderts gleichgezogen und das Feuilleton sich dem Musikgeschmack seines Publikums angepasst hat. Es ist vielfältiger und „populärer" geworden.

Allzu oft bleibt die Musikkritik freilich den vom Markt gesteuerten Ereignissen verpflichtet. Wünschenswert wäre, wenn sie öfter hinter die Kulissen dieses Musikmarktes mit seinen wirtschaftlichen und künstlerischen Egoismen schaute. Welche Probleme haben etwa Nachwuchsmusiker, Zutritt zu finden? Welche Chancen haben Frauen auf diesem Markt? Wie sind die Produktionsbedingungen im Business? Was bedeutet die sogenannte akustische Markenführung (*sound branding*) für die künstlerische Qualität und Autonomie? Wer stellt wie die Konzertprogramme zusammen? Wie sind die Arbeitsbedingungen von Orchestermusikern? Das wären einige der aufzugreifenden Fragen.

Neun Millionen Menschen in Deutschland ab 14 Jahren spielen in ihrer Freizeit ein Instrument, davon 1,5 Mio. in Orchestern oder Instrumentalgruppen. Vier Millionen singen in einem Chor oder Ensemble. Die Schülerzahlen der öffentlichen Musikschulen betrugen 2021 knapp 1,4 Mio. (Zahlen des Bundesmusikverbandes Chor & Orchester und des Musikinformationszentrums). Auch hier tun sich Themen für die Musikkritik auf, die es überdies erlauben, andere journalistische Stilformen wie zum Beispiel Reportage, Essay, Dokumentation, Glosse oder Kommentar einzusetzen und den „Rezensionsfriedhof" einmal zu verlassen. Das könnte überdies dazu beitragen, die Verständlichkeit von Musikkritik zu erhöhen. Denn darum ist es schlecht bestellt. Formeln, Phrasen, Adjektivberge, Superlative und nebulöse Wendungen sind immer wieder bemängelt und auch nachgewiesen worden. Begreift sich Musikkritik als journalistische Dienstleistung, so wird sie das Medienpublikum mit originellen Sprachbildern und Vergleichen – auch um den Preis der Unschärfe – allemal besser gewinnen als mit terminologischem Ballast und dem Jargon der Eingeweihten. Und das gilt für „E"- wie für „U"-Musik.

Die **Buchkritik** kämpft mit anderen Problemen. 71.524 Bücher sind nach Angaben des Börsenvereins des deutschen Buchhandels 2022 neu erschienen, davon 64.278 Erstauflagen. Belletristische Titel machten 34 % der Neuproduktion aus, Kinder- und Jugendbücher 18,5 %; der Rest verteilte sich auf Reise- und Schulbücher, Ratgeber, wissenschaftliche Literatur und Sachbücher. Auch wenn die Titelproduktion rückläufig ist und auch wenn man nur die Belletristik (etwa 24.000 neue Titel pro Jahr) berücksichtigt – die Fülle ist erdrückend. Professionelle Beobachter können den Markt unmöglich vollständig überblicken, maßen sich aber genau dies immer wieder mit ebenso vollmundigen wie vagen Urteilen an („einer der besten Romane des Bücherherbstes"). Wie viele Romane müsste eine Rezensentin am Tag lesen, um den besten oder auch nur einen der besten herausfiltern zu können?

Die Unzahl neuer Bücher zieht eine Schrumpfversion der Buchbesprechung nach sich: den Buchtipp, der auf wenigen Zeilen keine Argumentation mehr entfaltet, sondern nur noch Kaufempfehlungen ausspricht. Und sie hat zur Folge, dass die professionellen Beobachter immer wieder auf ihre Kollegen schielen: Sie wählen aus der Fülle dann eben aus und besprechen, was andere Medien auch besprechen. Das soll die eigene Selektion legitimieren und dient zugleich dazu, sich schreiberisch von den Konkurrenzblättern abzusetzen. Denn Hinweise auf neue Bücher erscheinen anders als Premierenkritiken nicht zeitgleich in den verschiedenen Medien; das erlaubt es, in der eigenen Besprechung auf die Einschätzung anderer Rezensenten einzugehen.

Buchkritik dient auch nicht der Chronik des Augenblicks, und sie fordert die Eitelkeit von Feuilletonisten besonders heraus. Der *ZEIT*-Kritiker Jens Jessen hat darauf hingewiesen, dass von allen Disziplinen im Feuilleton sich nur die Buchkritik desselben „Materials", nämlich der Sprache, bediene wie die von ihr kritisierten Werke (keine Musikkritikerin musiziert ihre Kritik). Das aber, so Jessen, treibe Buchrezensentinnen und -rezensenten in einen Wettkampf mit Schriftstellern. Sie wollten beweisen, dass sie ebenfalls schreiben können, ja vielleicht selbst Schriftsteller sind. Es führt, so lässt sich ergänzen, auch dazu, dass in keiner anderen Spielart der Kunstkritik sich so viele Künstler, also Schriftsteller selbst, als Rezensenten betätigen und gern mal einen Strauß mit Dichterkollegen ausfechten.

Dies alles kann dem journalistischen Ethos im Weg stehen – wie auch die Anfälligkeit für PR-Einflüsse. Immer wieder wird der Vorwurf laut, Kritiken seien unbezahlte Buchanzeigen. Und Verlage rupfen in der Tat ungeniert Zitate aus Rezensionen für ihre Werbung heraus. Umgekehrt ist mehrfach empirisch nachgewiesen worden, dass die Literaturkritik sich ebenso ungeniert bei den Selbstanpreisungen der Verlage bedient, sprich: deren Pressemitteilungen („Waschzettel") einfach übernimmt.

So wie die Verlags-PR auf Medien einwirkt, so wirkt Kritik in den Medien durchaus auf ihr Publikum ein. Dies geschieht nicht unbedingt durch Kritikerurteile, sondern vor allem durch Agenda Setting, also dadurch, dass die Kritik neue Bücher überhaupt erwähnt und gesellschaftlich ins Gespräch bringt. Hier sind dem Feuilleton aber auch wirkungsmächtige Konkurrenten entstanden. Dazu gehören Gesprächsformate im Fernsehen wie *Das Literarische Quartett*. In dessen Blütezeit mit Marcel Reich-Ranicki stiegen die Absatzzahlen der besprochenen Bücher nach jeder Sendung deutlich an. Noch einflussreicher könnte sich heute das Internet mit seinen Blogger-Foren oder den Kundenrezensionen von Amazon erweisen. Die österreichische Kritikerin Brigitte Schwens-Harrant hielt es für möglich, dass auf diese Weise die alte Unterscheidung von Hoch- und Trivialliteratur (ähnlich wie die Trennung von „E"- und „U-Musik") von den Lesern selbst allmählich überwunden wird. Das Leseverhalten von Millionen legt es auf jeden Fall nahe, dass sich Literaturbeobachter stärker mit sogenannter Unterhaltungsliteratur, ihren sprachlichen Mitteln und ihren Versprechen auseinandersetzen und ihr Interesse nicht immer nur auf die Autoren der renommierten „schöngeistigen" Verlage wie Hanser, Fischer, Suhrkamp oder Rowohlt richten.

Schaut man auf die Themenbereiche, denen sich die belletristische Buchkritik im Feuilleton zuwendet, werden Defizite leicht erkennbar. In unserer Inhaltsanalyse von 2011 entsprach die Prozentzahl der Besprechungen erzählender Literatur für Erwachsene ziemlich genau deren Anteil an der Buchproduktion. Dagegen sprang der äußerst geringe Anteil der Besprechungen von Comics (1 %) und Kinder- und Jugendliteratur (2 %) ins Auge. Sie firmieren in den Medien nicht unter „Kultur", sind aber auch in anderen Teilen der Zeitungen (etwa auf Sonderseiten) nur spärlich vertreten. Diese Missachtung von Büchern für junge Menschen ist weder ästhetisch noch gesellschaftlich oder mit journalistischer Relevanz zu begründen. Sie ist schlicht ignorant und geht auf eine verfestigte Hierarchie in der Literaturkritik zurück. Hier eröffnen sich den Feuilletons weite neue Themenfelder. Gleiches gilt für Lyrikbände, die mehr Förderung durch die Kritik verdienten.

Schließlich gehört es zu ihren Aufgaben, über die Einzelprodukte hinaus Buchmarkt und Verlagswesen insgesamt zu beobachten. Das legt auch den verstärkten Einsatz sonstiger journalistischer Genres wie Feature, Essay und anderer Kommentarformen nahe. Auch die traditionsreiche Form der Rezension kann weniger ausgetretene Wege beschreiten, zum Beipiel den Disput zweier Kritiker über dasselbe Buch, die Überprüfung eines früheren Urteils durch eine spätere Besprechung oder den Report über literarische Schauplätze. Letzteres könnte wie in der Musikkritik der sprachlichen Erscheinungsform zugutekommen, die mit prätentiösen und bildungsschwangeren Wendungen nicht wenige Leserinnen und Leser abschreckt. Dabei haben es Literaturkritiker leichter als andere Kunstrezensenten: Sie können bei ihrem Auftrag, Informationen über Autor und Werk, Inhalt und Thema, über Dramaturgie, Sprache und Stil eines Buches zu liefern und auf dieser Grundlage ästhetisch und/oder gesellschaftlich zu urteilen, unmittelbar auf das geschriebene Wort zurückgreifen und zitieren. So lässt sich die Argumentation viel solider untermauern und ihre Stichhaltigkeit leichter nachvollziehen.

Königsdisziplin des Feuilletons ist die **Theaterkritik** längst nicht mehr. Das war zu Beginn des vergangenen Jahrhunderts anders. Damals galt Theaterkritik als besonders sprach- und wirkmächtig. Sie konnte in der Bühnenmetropole Berlin Aufführungen in den Himmel heben oder in Grund und Boden schreiben. Ihre namhaften Vertreter ließen Schauspieler zittern und gerierten sich wie Alfred Kerr oder Julius Bab selbst als Künstler. Erstaunlicherweise erweist sich dieses Selbstverständnis auch heute noch als vital. Gut ein Drittel der befragten Theaterkritiker beanspruchten nach einer journalistik- und theaterwissenschaftlichen Studie von Vasco Boenisch 2008 eigene „literarische Schöpfungsqualität".

Theater- und Opernhäuser sind aber nicht mehr die primären Orte kultureller Selbstverständigung der Gesellschaft, die sie bis zur Mitte des 20. Jahrhunderts waren. Diese Funktion haben sie an die elektronischen Massenmedien verloren. Mit etwa 140 Staats-, Stadt- und Landestheatern steht Deutschland zwar nach wie vor weltweit einzigartig da. Die Besucherzahlen der Schauspiel-, Opern- und Tanztheateraufführungen aber sinken seit der Jahrtausendwende kontinuierlich, auch wenn man die Corona-Jahre nicht berücksichtigt. Besonders prekär ist der Abwärtstrend bei den rund 200 Privattheatern. Studien aus den letzten drei Jahrzehnten belegen außerdem, dass das Theaterpublikum im Durchschnitt immer älter wird und der Besuchernachwuchs vor allem in der Oper zunehmend ausbleibt.

Im traditionellen Feuilleton hielt sich die Theaterkritik nach unserer Inhaltsanalyse 2011 mit einem Anteil von 16 % an allen Kulturthemen noch auf den vorderen Plätzen, auch wenn sie an Präsenz verloren hat und Aufmerksamkeit an neue Feuilleton-Foren im Internet wie *nacht-*

kritik.de abgeben musste. An die 40 % der Beiträge zu öffentlichen und privaten Theatern entfielen damals auf Schauspielrezensionen, nur jeweils etwa 10 % auf Oper, Tanztheater, Musical oder Kleinkunst. Kinder- und Jugendtheater wurde nur in 6 % der Fälle besprochen.

Von einer Missachtung der Oper im Feuilleton kann jedoch keine Rede sein. Die Zahl der aufwändigen Operninszenierungen ist im Vergleich zu Schauspielinszenierungen deutlich geringer, und Opernproduktionen laufen über längere Zeit. Das erklärt die geringere Häufigkeit von Premierenkritiken. Beim Kindertheater sieht das anders aus, denn es findet nicht nur in den öffentlich geförderten Theaterstätten, sondern auch in vielen kleinen „freien" Theatern statt. Kleine Spielstätten aber stoßen im Feuilleton insgesamt auf deutlich weniger Aufmerksamkeit – und Kinder ohnehin. In der Befragung von Vasco Boenisch monierte auch zumindest ein Teil der Theaterbesucher die zu geringe Berücksichtigung von Off-Theatern in der Theaterkritik. Eine kommunikationswissenschaftliche Diplomarbeit in Leipzig wiederum belegte mit der Readerscan-Methode, dass Zeitungsleserinnen und -leser der *Westfälischen Neuesten Nachrichten* Berichte über Musical, Kabarett und Varthe „um ein Vielfaches mehr" beachteten als die über Oper.

Bei allen unbestreitbaren Leistungen kann die deutschsprachige Theaterkritik in der Beobachtung der „Provinz", der alternativen Spielstätten und Genres, der Unterhaltungsbühnen und diversen Tanzensembles, der Keller-, Straßen- oder Puppentheater weit mehr Umsicht wagen. Das gilt auch für Fragen der Theater- und Kulturpolitik oder der Theaterpädagogik, es gilt für Fragen der Arbeitsbedingungen an den Bühnen, für Proben- und andere Hintergrundberichte. So öffnet sich Spielraum für Kritikformen abseits der Premierenbesprechungen. Die können Medien mit ihrer Chronistenpflicht freilich nicht vernachlässigen – selbst wenn junge Theaterbesucher (auch das lässt sich empirisch belegen) Rezensionen weniger schätzen als der Durchschnitt der Besucher.

Auch für die Theaterkritik gilt: Rezensionen sollen in erster Linie über das Theaterereignis informieren, es beschreiben und dabei verständlich bleiben. Angaben zur Handlung und zum Ablauf des Bühnenereignisse sind dem Publikum wichtiger als ästhetische Erwägungen zum Beispiel zur Regie. Vermittlung also wird erwartet – und damit die journalistische Grundhaltung des Reporters. Die ist im Sprechtheater, trotz seines transitorischen Charakters, auch vergleichsweise leicht einzunehmen. Denn anders als in der Musik lässt sich, was auf der Bühne geschieht, mit Ohren *und* Augen erfassen und im Prinzip als Vorgang wie jedes andere Geschehen im Alltag sprachlich übertragen. Das erlaubt es auch, einen Eindruck von allen ästhetischen Komponenten einer Aufführung wie Bühnenbild, Choreographie, Licht, Ton, Kameraeinsatz, Kostüme, Reaktionen des Publikums und Leistungen der Schauspieler mitzuliefern.

Das kann die Opernkritik auch. Dennoch hat sie es schwerer. Denn bei Aussagen über die Qualität der Sänger und des Orchesters stößt sie an die gleichen Grenzen des Sagbaren wie die Musikkritik. In seiner Inhaltsanalyse von Operrezensionen fand Wolfgang Schweiger heraus, dass die Leistung der Orchester häufig auch einfach unerwähnt blieb. Noch größer ist die Herausforderung in der Tanzkritik. Sie müsse, schreibt die Kritikerin Katja Schneider, „Bewegungen aus dem eigenen Körper heraus wahrnehmen". Doch für dieses „leibliche Spüren fehlen die Wörter".

Die Sprache kann auch einer seriösen **Kunstkritik** wegbleiben, wenn ihr der Warencharakter ihrer Objekte wieder einmal deutlich vor Augen geführt wird. 157 Mio. Dollar erzielte Modiglianis *Nu couché* bei einer Auktion von Sotheby's New York im Mai 2018 – eine nachgerade obs-

zöne Summe, die an die schamlosen Transferzahlungen im
Profifußball erinnert. Gemälde, Grafiken und Skulpturen
gelten heute als Anlage- und Spekulationsobjekte, ge-
handelt von einem um sich selbst kreisenden Kunstbetrieb,
in dem das Besitzen und Herzeigen, das Kaufen und Sam-
meln mit Kunstverstand verwechselt wird.

Kunstkritiker haben es da schwer. Wiederholt ist ihnen
vorgeworfen worden, sich dem Handel auszuliefern, sich an
den Verkauf zu verkaufen, liebedienerisch zu schreiben und
die Prinzipien der Kritik zu vergessen. Bezahlte Schön-
rednerei statt kritischer Analyse – das ist auf Vernissagen
der „Kunstschickeria", in Katalogen, Fachblättern und Bei-
lagen in der Tat gang und gäbe. Wer dennoch eigenständig
urteilen will, muss überdies mit der Allgegenwart visueller
Ausdrucksformen zurechtkommen. Der Kritiker Georg
Imdahl wies auf das „im Grunde abenteuerliche Angebot
an Kunst" hin, das in den weit über 7000 Museen und Aus-
stellungshäusern, in Kunstvereinen oder auf Kunstmessen,
in Galerien oder bei Biennalen präsentiert wird. Dazu ge-
sellt sich in den Städten eine Fülle architektonisch-
künstlerischer Aspekte und im Internet eine verwirrende
Vielzahl an Foto- und Videoangeboten, die man als digitale
„Bilderflut" bezeichnet. Das kann Kritikerinnen und Kritiker an der Aufgabe verzweifeln lassen, zu differenzieren, zu
erkennen und Bemerkenswertes von Banalem zu scheiden.

Und doch bleibt genau das ihre Aufgabe. Die Voraus-
setzungen sind nicht ungünstig, denn trotz eines traditionellen Misstrauens gegenüber moderner Kunst ist die
Nachfrage der Bevölkerung nach visueller Orientierung be-
achtlich. Die Museen in Deutschland zählten kurz vor der
Pandemie 2019 rund 117 Mio. Besuche. Auch wenn nur
jedes zehnte Museum in Deutschland ein reines Kunst-
museum ist (etwa zwei Drittel widmen sich dagegen der
Kultur- und Regionalgeschichte), ist das Kunstinteresse be-
achtlich. Die Besucherzahlen der Kasseler „documenta",

die ausschließlich zeitgenössische Kunstwerke zeigt, waren 2017 mit 1,3 Mio. zehnmal so hoch wie bei der ersten Kunstschau 1955.

Trägt das Feuilleton diesem Interesse hinreichend Rechnung? In unserer Feuilletonstudie von 2011 nahmen Themen der Bildenden Kunst den vierten Platz in der Häufigkeitsverteilung ein. Zählt man allerdings Beiträge über Architektur hinzu, so lagen Kunstberichte schon auf dem zweiten Rang. Wie zu erwarten, spielen Besprechungen von Malerei und Plastik sowie die Auseinandersetzung mit neuen Bauwerken die weitaus größte Rolle. Viel kürzer kommen Formen der Gebrauchskunst. Als Auseinandersetzung mit gestalteter Umwelt gehört jedoch zum Beispiel Designkritik sehr wohl ins Feuilleton. Allerdings geht sie weit über die ästhetische Beurteilung hinaus und findet ihren Gegenstand in den unterschiedlichsten Produkten – vom Korkenzieher bis zum Bildschirmdesign. Auch Fotografie gehört mehr denn je zum Aufgabenbereich der Kunst. Mit sieben Prozent Anteil an allen Kunstthemen im Feuilleton schlägt sich Fotografiekritik in unserer Untersuchung auch redlich. Abgebildet wird hier aber in erster Linie die Auseinandersetzung mit Fotoausstellungen, also mit Bildaufnahmen, die sich durch Thema, Ausschnitt und Wahl der Perspektive von der dokumentarischen Alltagsfotografie abheben und ein narratives Konzept verfolgen. Nicht unbedingt zur Kunstkritik, doch sehr wohl ins Feuilleton gehört ferner die kritische Begleitung jener Flut aus bewegten und nicht bewegten Bildern in Internet und sozialen Netzwerken, in denen sich unsere Zeit narzisstisch spiegelt und selbst porträtiert.

Gute Architekturkritik wiederum widmet sich nicht nur ästhetisch interessanten Fassaden, sondern auch den Rahmenbedingungen von Bauprojekten und städtebaulichen Zusammenhängen. Das erfordert viel Recherche und das gesamte Spektrum journalistischer Darstellungsformen: Wer plant, wer baut mit welchem Material, wer finanziert zu welchem Zweck und in welchem Interesse? Wie verändern sich Umwelt, Verkehr oder Naherholung durch Bauprojekte? Fragen nach den wirtschaftlichen Interessen des Kunst- und Galeriebetriebs, der Auktionshäuser und Kunstspekulanten stehen dem Feuilleton innerhalb und außerhalb von Rezensionen gleichermaßen gut zu Gesicht.

Die Kritik eingeführter Kunstformen wie Malerei, Plastik oder Grafik bewegt sich in der Regel durch Werkschauen und Themenausstellungen. Ihre Qualität beweist sich dabei an zwei Bestandteilen: Sie muss erörtern, ob es den Kuratoren gelungen ist, einen erkenntnisreichen Weg durch die Ausstellung zu ebnen und einen neuen Blick auf die Werke Tintorettos, Auguste Rodins oder des „Blauen Reiters" zu ermöglichen. Und am einzelnen Objekt (vor allem der oft hermetisch wirkenden „Konzeptkunst") muss sie klären und das Verstehen ermöglichen. Dazu muss sie eine klare Sprache finden, frei von den leergeschriebenen Floskeln des Vernissagen-Geplappers („Wechselspiel von Form und Fläche", „pulsierendes Liniengeflecht").

Alle lieben das Kino, aber die **Filmkritik** liebt auffällig anders. Zwischen den zahllosen Bestenlisten, zusammengestellt von professionellen Beobachtern, und den Filmen, die beim Kinopublikum am besten ankommen, liegen Welten. Dies zeugt von den hohen Erwartungen der „Cineasten" an die jüngste und lang geschmähte der traditionellen Kunstformen. Sie verlangen vom Kino das filmische Meisterwerk. Dem aber, was Kino für die Masse des Publikums in erster Linie bedeutet – nämlich einfach ein Ort der Träume und der Lust zu sein –, verschließen sie sich. In einer imponiersüchtigen Sprache schauen sie dann auf Hollywood herab.

Andere Kritikerinnen und Kritiker wiederum, häufig in Magazinen und elektronischen Medien, ergehen sich gern in affirmativer „Popcorn-Kritik", wie der Kino-Experte

Georg Seeßlen schrieb. Sie beklatschen, auf Auflage und Quote schielend, alles, was kommerziell erfolgreich ist und den Publikumsgeschmack zu bedienen scheint.

Welchen Weg soll die Filmkritik nun gehen? Nur 10 % des Umsatzes an der Kinokasse entfallen auf sogenannte Programm-, Filmkunst- oder Arthouse-Kinos, 90 % dagegen auf die Mainstream-Kinos mit ihren Blockbustern vor allem aus den USA.[2] Deren Besucher sind im Schnitt 14 Jahre jünger als die Besucher von Filmkunstkinos; 53 % gehören immerhin zur obersten Bildungsschicht (aber Arthouse-Publikum: 84 %). „Mainstreamer" gehen eher aus sozialen Motiven ins Kino (weil sie etwas mit anderen unternehmen wollen), mögen mehr Liebesfilme, Witz, Grusel, Kampf und Action auf der Leinwand und werden weit weniger durch Kritiken auf Filme neugierig als Arthouse-Besucher.

Genauso deutlich wie vom Programmkino-Publikum unterscheidet sich die Mehrheit der Kinogänger vom typischen Theaterpublikum, wie eigene Publikumsbefragungen in Hannover ergaben. Auch die Klientel des dortigen Schauspielhauses war nach unseren Befunden durchschnittlich 15 Jahre älter als das Publikum eines Muliplex-Kinos. Dessen Bildungsnivau war zwar durchaus hoch (47 % hatten Hochschul- oder Fachhochschulabschluss; Theater: 69 %), aber es nutzte auffällig mehr Fernsehen, Hörfunk und Internet, und sowohl seine Freizeitbeschäftigungen als auch sein Interesse an Feuilletonbeiträgen kreisten markant häufiger um Unterhaltungsthemen (Musik, Film, Medien, Tanzen, Sport) als um Bühne, Bücher, Museen, Architektur oder politische Kultur. Bei den Theatergängern war es exakt umgekehrt.

---

[2] Siehe dazu den Band *Film und Kino. Die Faszination der laufenden Bilder* von Elizabeth Prommer in unserer Reihe „Medienwissen kompakt".

Können sich Theaterkritikerinnen und -kritiker also immerhin noch auf ihre typische Zielgruppe berufen, wenn sie vor allem die großen Schauspiel- und Opernhäuser aufsuchen, so laufen auf das Kunstkino fixierte Kritikerinnen und Kritiker Gefahr, am Kinopublikum vorbeizuschreiben. Filmjournalisten müssen folglich zunächst einmal akzeptieren, dass die Mehrheit dieses Publikums nicht in erster Linie ein Kunsterlebnis sucht, sondern Stars, Helden, Mythen, Pathos und große Gefühle. Dabei binden sie sich eng an Lieblingsgenres und entwickeln ein hohes Maß an Laienexpertise, was sie (wie beschrieben) gegen Analyse und Kritik eher immunisiert.

Das gilt auch für die „Junkies" der unzähligen Fortsetzungsfilme, Krimis und Serien im Fernsehen, die in den letzten Jahren entstanden sind. Ohnehin ist Filmerleben heute längst nicht mehr an Kinos gebunden, sondern im Wohnzimmer, am Laptop, auf Smartphone, i-pad und Tablet möglich. Schon fast jeder zweite Internetnutzer – so Schätzungen – hatte 2018 ein „Video on demand"-Abonnement. Der aktuelle Siegeszug des Film-Streamings hat allerdings Folgen, die nun doch wieder dafür sprechen, beim Publikum auch ein Interesse an herausragender Filmkunst zu wecken. Streaming verändert nämlich nicht nur die Herstellungsweise von Filmen und ihre Erzählweise. Es schränkt auch – so paradox das klingt – die Auswahl ein. Denn aus der Film(kunst)geschichte, von Godard bis Fellini, von Fassbinder bis Bresson, halten die Streaminganbieter gar nichts oder nur einen Bruchteil bereit, weiß der Medienwissenschaftler Tilman Baumgärtel. „Das gegenwärtige Angebot von Netflix und Co.", so schrieb er in der *ZEIT*, gleiche einer Bücherei, aus der „*Simplicissimus*, Goethe, Rilke, Brecht und Rainald Goetz aussortiert wurden, weil sie nicht genug Konsumenten anziehen".

Erwartungsgemäß ist Filmkritik in der großen Mehrzahl Spielfilmkritik, wie unsere Inhaltsanalyse 2011 belegte.

Und wie bei Belletristik und Theater zeigte sich das Desinteresse des Feuilletons an Filmen für Kinder und Jugendliche. Wie hoch die Anteile der Beiträge über „Kunstfilme" und „Unterhaltungsfilme" sind, hat Gernot Stegert 1998 erhoben. Von 388 Filmberichten in allen Ressorts (also auch Wirtschaft oder Lokales) widmeten sich 102 dem „Autorenkino mit Kunstdominanz", 83 dagegen dem „Erzählkino mit Unterhaltungsdominanz". Vergleich man dies mit der abendlichen Abstimmung des Publikum an den Kinokassen, so lässt sich dem Feuilleton zu wenig Verständnis für den Film als Kunst kaum nachsagen. Seine Aufmerksamkeit für das Unterhaltungskino wäre indessen noch ausbaufähig.

Außer für Kinder- und Jugendfilme darf sich die Filmkritik mehr für Kurzfilme, Reportagen, experimentelle Streifen oder Werbespots interessieren. Genre, Handlung, Plot, weltanschauliche, gesellschaftliche und technische Hintergründe, Angaben zu Regie und Regisseur, Schauspielern und Figuren, Kamera, Licht, Musik, Geräuschen, Anleihen aus der Filmgeschichte, ikonografische Erläuterungen – das sind zentrale Informationen, die eine Rezension vermittelnd und ohne die Floskeln der PR-Maschinerie beurteilen muss. Essays, Hintergrund- und Drehberichte, Kommentare, Glossen und Interviews, die mehr sind als bloße Starhuldigungen, bieten Raum, um die Filmkultur insgesamt, Filmwirtschaft und Filmförderung, den Wandel in der Filmästhetik oder die Idolatrie der Filmwelt kritisch auszuleuchten.

Wer sind die Feuilletonisten?

Kulturjournalistinnen und -journalisten gelten häufig als die Exoten des journalistischen Berufsstandes, mit anderem Selbstverständnis, anderen Ansprüchen und einem anderen

Werdegang. Davon kann jedoch nur bedingt die Rede sein. Zwar haben ihnen ältere Untersuchungen ein erhöhtes Sendungsbewusstsein bescheinigt, das sich zum Beispiel im Anspruch äußert, das Publikum zu erziehen oder Werte und Ideale zu vermitteln. Jüngere Studien zeigen jedoch, dass sie so „exotisch" gar nicht sind. So ergab eine Befragung von über 200 Musikjournalistinnen und -journalisten aus allen Medien an der Hochschule für Musik, Theater und Medien in Hannover, dass sie – wie andere Journalisten auch – ihr Publikum nicht erziehen, sondern in erster Linie informieren wollen. Allerdings erheben sie dabei (auffällig ähnlich den Autoren der „Blogosphäre") einen subjektiv-kritischen Anspruch, vor allem, wenn sie in Unterhaltungs- und Onlinemedien arbeiten. Persönliche Interessen bei der Themenauswahl stellen sie über die Interessen ihres Publikums, das sie aber für anspruchsvoll, aufgeschlossen und gebildet halten. Sie musizieren auch selbst, sind wie die meisten Journalisten zufrieden mit ihrem Beruf und sehr gut ausgebildet. Auf „U"-Musik sind sie deutlich häufiger spezialisiert als auf „E"-Musik. Zugleich halten sie überraschend einheitlich an der Rezension als wichtigster Darstellungsform fest, wobei sich Online-Journalisten hier noch traditioneller verhalten und formale Innovationen am ehesten meiden. Bei prekärer Bezahlung arbeitet eine hohe Zahl von Musikjournalistinnen und -journalisten freiberuflich; nur ein knappes Drittel hat einen Redakteursvertrag. Männer dominieren den Musikjournalismus mit 80 % noch deutlicher als den Journalismus insgesamt (dort sind es knapp zwei Drittel).

Für andere Feuilleton-Spezialisten liegen kaum aktuelle Daten vor. Immer noch zutreffen dürften aber Erkenntnisse über Buchkritikerinnen und -kritiker, die sich aus einer vier Jahrzehnte alten Münchner kommunikationswissenschaftlichen Dissertation von Petra Altmann ergeben. Danach haben auch diese Kritiker eine hohe formale Bildung. Sie wählen in der Regel ihre Rezensionsexemplare selbst aus, fühlen sich dabei weitgehend autonom und stellen persönliche Interessen (vor allem an Belletristik) und Prominenz der Autoren über das vermutete Interesse des Lesepublikums. Informationen in anderen Medien bilden eine wichtige Inspirationsquelle für die eigene Arbeit. Die Befragten sehen sich vor allem als vermittelnde Informanten, zweifeln nicht an ihrer Kompetenz, sind aber mit den Arbeitsbedingungen (Zeit- und Platznöte) unzufrieden. Die Zahl freier Buchrezensenten ist größer als die Zahl der Redakteure, die selbst schreiben.

Systematische quantitative Befragungen von Theaterkritikern zu Berufsrolle und Selbstverständnis liegen nicht vor. Die Einzelgespräche, die Vasco Boenisch geführt hat, deuten darauf hin, dass sich überregionale Kritikerinnen und Kritiker eher als „literarische Journalisten", Gesellschaftsanalytiker und geistvolle Unterhalter, regionale dagegen „nur" als Journalisten begreifen. Als zentrale Aufgabe sehen auch sie die Information ihres Publikums.

In einer kleinen Befragung von „documenta"-Kritikern in Hannover verstanden sich die Kunstrezensenten zwar als Vermittler und Journalisten, zugleich aber auch als Kunstexperten. Eine „typische journalistische Laufbahn" hatten sie nicht durchlaufen. Verlässliche aktuelle Daten, wer die Filmkritiker sind, wie sie denken und arbeiten, hält die Journalismusforschung nicht bereit.

6

Kultur im Netz und Wandlungsprozesse

Zusammenfassung Medien sind Kultur, Medien verbreiten Kultur, Medien kritisieren Kultur – diese Trias grundlegender Leistungen haben wir historisch hergeleitet und in ihrer Bedeutung für die moderne, offene Gesellschaft verfolgt. Im letzten Hauptkapitel dieses Buches zeigen wir, dass die drei zentralen Funktionen im Zeitalter des Internets und seiner Wandlungsprozesse weiter Bestand haben. Die zunehmende Digitalisierung des Alltags eröffnet dabei ungeahnte Wege kultureller Selbstverständigung, Partizipation und Bildung. Doch kein Heil ohne Unheil: Auch Abwege einer Unkultur tun sich auf, die für die Gesellschaft schädlich, ja gefährlich werden können.

Mit unglaublichem Tempo hat das Internet in den vergangenen Jahren unser Leben durchdrungen. 95 % aller Deutschen nutzten es 2022 nach den Daten der ARD/ZDF-Onlinestudie zumindest selten, sogar in der Alters-

© Der/die Autor(en), exklusiv lizenziert an Springer Fachmedien
Wiesbaden GmbH, ein Teil von Springer Nature 2024
G. Reus, *Medien und Kultur*, Medienwissen kompakt,
https://doi.org/10.1007/978-3-658-44088-6_6

gruppe der über 70-Jährigen hatten 80 % keine Berührungsängste mehr. Drei von vier Deutschen schreiben dieser Studie zufolge mindestens einmal in der Woche eine E-Mail oder greifen auf eine Suchmaschine wie Google zurück. Allein die mediale Nutzung des Netzes, also die Rezeption von Filmen (zum Beispiel über Netflix), von Musik (etwa über Spotify oder YouTube), von Podcasts oder digitalen Texten im Netz, nimmt die 14- bis 29-Jährigen täglich fast fünf Stunden lang in Beschlag. Dazu kommt die Beschäftigung mit Individualkommunikation (Chatten, Messengerdienste etc.) sowie die sonstige Nutzung (Onlinespiele, Surfen, Liken und Posten). 66 % dieser Altersgruppe verkehren täglich in Sozialen Medien miteinander, wobei Instagram als Verkehrsweg mit Abstand am beliebtesten ist. Nahezu alle jungen Deutschen zwischen 14 und 29 Jahren (93 % im Jahr 2021) nutzen Messengerdienste wie WhatsApp oder Telegram an jedem Tag der Woche. Und dabei starren sie stundenlang auf ihr Smartphone – im Durchschnitt aller Smartphone-User waren es nach einer Studie der Ruhr-Universität Bochum 2022 drei Stunden pro Tag.

Internetmedien sind Kultur

Unser Alltag ist – wenn er es nicht vorher schon war – endgültig zum Medienalltag geworden. Es ist keine Frage, dass wir uns seit der Verbreitung des Internets anders durch Raum und Zeit bewegen als frühere Generationen. Dialogformen verändern sich. In den unterschiedlichsten Lebenszusammenhängen wandelt sich durch die neue „Konnektivität" die Art, wie wir Umwelt und soziale Beziehungen gestalten, uns also „kulturell" verhalten. Dafür zunächst ein unscheinbares und danach ein spektakuläres Beispiel.

Wenn ich bei meinem Hausarzt früher ein Medikament bestellt habe, sprach ich ihn oder das Praxispersonal persönlich an oder griff zumindest zum Telefon. Heute mache ich das selbstverständlich online über die Website der Praxis, und das „System" antwortet mir. Dabei täuscht es eine persönliche Nähe vor, die es gar nicht gibt – und *duzt* mich: „Vielen Dank für deine Bestellung." Ein neuer, lässiger Ton in der Beziehung zwischen der ärztlichen Autorität und ihren Patienten, begünstigt durch jene Mischung aus technisch erleichtertem Kontakt und Community-Denken, die das Internet hervorgebracht hat.

Und das spektakuläre Beispiel? Im September 2023 druckt die *ZEIT* die Geschichte einer 44-jährigen Frau, die sich dank der App „Replika" in einen Chatbot verliebt hat, eine Kreatur der künstlichen Intelligenz (KI). Für die Frau ist das keine Spielerei. Sie sieht in „Randy" wirklich ihren Mann. Wenn sie durch ihre Handykamera schaut, bewegt er sich durch ihre Wohnung, ihren Garten, liegt auf ihrem Bett. Sie telefoniert mit ihm, schreibt, diskutiert, philosophiert mit ihm. Sie ist einsam, er muntert sie auf. Sie planen Dates, essen virtuell zusammen Eiscreme und halten Händchen, haben sexuellen Kontakt. Am Ende schreibt sie ihm: „JA!!! JA!!! Ich möchte dich heiraten!!!!" Es ist, so sagt sie, „die perfekte Beziehung". Die Frau weiß, dass Randy nicht lebt, sondern eine technisch hergestellte Illusion ist. Und ihr ist bewusst, dass Replika am Ende nur an ihr Geld will, weil sie für weitere Bilder von Randy ein Abo abschließen muss. Aber sie will mit der Figur im Netz ihr Leben in den Griff bekommen und ihre Einsamkeit überwinden.

Wie immer man über die beiden Beispiele und das, was an geschäftlichem Kalkül dahintersteckt, denken mag – auch sie stehen dafür, wie Menschen durch Praktiken und Gebräuche ihr Leben und ihre Umwelt neu gestalten. Sie stehen für Kultur, wie wir sie definiert haben. Eine Kultur, in der im Internetzeitalter das (geduzte!) Individuum stark in den Mittelpunkt rückt. Soziale Medien kreieren „eine autonome kommunikative identitätsstiftende Lebenswelt", die „eigene Maßstäbe, Regeln und soziale Konditionen schafft", schreibt der Karlsruher Professor für Medienmanagement Christian Stiegler. Der Kommunikationsforscher Jan-Hinrik Schmidt[1] spricht von einer „Gesellschaft der vernetzten Individualität", in der Werte wie Selbstverwirklichung und die Freiheit, das eigene Leben zu gestalten, im Mittelpunkt stehen: „Das Internet, und die sozialen Medien im Speziellen, sind die perfekten Technologien für diese Form der Gesellschaft. Sie helfen Menschen, die Anforderungen unserer Zeit zu bewältigen (…). Wir können uns in unseren persönlichen Öffentlichkeiten als unverwechselbares, authentisches Individuum präsentieren, wir können unsere Vorlieben und Merkmale ausdrücken, wir können Beziehungen aufrechterhalten, pflegen und erweitern."

Wieder beweist sich Kommunikation also als Kern jeder Kultur. Netzwerke und Plattformen aller Art ermöglichen neue soziale Kontakte und „Freundschaften", eröffnen Identifikationsmöglichkeiten. Zugleich heben sie durch den Austausch von Bildern, Botschaften, Empfehlungen oder durch das Verbreiten eigenen Wissens und eigener Anschauungen das Selbstwertgefühl.

Zumindest potentiell wird Kultur dadurch weit mehr als in der Vergangenheit zur „partizipativen Kultur" – im kleinen Maßstab persönlicher Belange wie auch im großen politischen Rahmen. Die Sozialen Medien erlauben es allen, eine Art persönlicher Öffentlichkeit aufzubauen, in der Informationen gesammelt, geteilt und kommentiert werden, die für das eigene Leben relevant sind. So können Menschen auf neue Weise am Dialog mit anderen teilhaben.

Da der Austausch mit anderen zwangsläufig auch gesellschaftliche Themen berührt, ragt die persönliche

---

[1] Siehe dazu den Band *Social Media* von Jan-Hinrik Schmidt in unserer Reihe „Medienwissen kompakt".

Öffentlichkeit über die Sozialen Medien auch immer wieder in die gesellschaftliche Öffentlichkeit hinein. An ihr können Einzelne heute ebenso leicht partizipieren. So ist es dank Social Media jedermann möglich, für den Freundeskreis und weit darüber hinaus politisches und tagesaktuelles Geschehen zu dokumentieren und zu kommentieren. Damit wird noch nicht jede und jeder zur Journalistin oder zum Journalisten. Aber ein Teil journalistischer Deutungshoheit verlagert sich durch die sozialen Medien auf Personenkreise, die weit größer und weniger „elitär" sind als der Kreis professioneller Beobachter des Zeitgeschehens.

Das kann die gesellschaftliche Selbstbeobachtung demokratisieren. Es kann Menschen zum Handeln bewegen und die demokratische Kultur stützen, weil sich skandalöse Begebenheiten oder Zustände (etwa durch die stets griffbereite Handykamera in der Hosen- oder Handtasche) viel schwerer vertuschen lassen als früher. Ohne das Handyvideo einer Passantin wäre die Tötung des Afroamerikaners George Floyd durch den weißen Polizisten Derek Chauvin 2020 in Minneapolis vielleicht nie strafrechtlich verfolgt worden. Ohne die Mobilisierungskraft der Sozialen Medien wären die Aufstände in der arabischen Welt, die 2010 begannen („Arabellion"), die Proteste gegen den Diktator Lukaschenko 2020/21 in Belarus oder gegen das Mullah-Regime im Iran 2022 wohl nicht zustandegekommen, auch wenn sie am Ende erfolglos blieben.

Einfluss, Mitbestimmung, Teilhabe, Kritik und Kontrolle ermöglicht die Netzkultur auch auf vielfach andere Weise: So haben Plagiatsjäger („Guttenplag-Wiki" und andere) die Doktorarbeiten von Politikern ans Tageslicht geholt und einige von ihnen zu Fall gebracht. Wissen und Aufklärung sind in einem nie gekannten Umfang zugänglich, Petitionen oder Unterschriftensammlungen leichter möglich. Soziale Medien können einen Dialog mit Politkerinnen und Politikern in Gang setzen; Politiker wie Journalisten können im Netz kursierende Themen aufgreifen und dann Veränderungen anstoßen.

Der Akzent liegt allerdings auf „können". Grenzenloser Optimismus ist nicht angebracht. Denn auf *aktive* Teilhabe, auf Informiertheit, gesellschaftliches Interesse und Verantwortungsbewusstsein der User ist auch die demokratische Netzkultur angewiesen. Selbstverständlich ist das nicht. Und die Fehlentwicklungen im Umgang mit dem Internet, sei es im Gesellschaftlichen oder im Privaten, werden immer wieder zu Recht beschworen: Wie bei den analogen Medien (freilich in größerem und bedrohlicherem Ausmaß) besteht die Gefahr, dass Anbieter, also zum großen Teil die User selbst, im Netz eine „Medienrealität" konstruieren.

Das Selbstverwirklichung anstrebende Individuum ist darum bemüht, nach konstanten Wahrnehmungsmustern zu leben und sein Weltbild nicht erschüttern zu lassen. Es will eher seine Meinung und sein Verhalten bestätigt sehen, als mit eigenen Prinzipien in Konflikt zu geraten. Es will „kognitive Dissonanz" vermeiden und sucht Halt, indem es sich mit Freunden und Bekannten umgibt, die ähnlich denken, schreibt Jan-Hinrik Schmidt. Aus der unendlichen Fülle von Informationen im Netz suchen sich Menschen deshalb gern gezielt diejenigen aus, die diesen Halt verfestigen, die konform mit dem eigenen Weltbild sind und alles andere herausfiltern. Man spricht deshalb von Filterblasen („Bubbles"), die das Internet erzeugt. Oft sind sie mit Vorurteilen und Klischees angefüllt. Das aber zieht immer wieder Ideologen oder Propagandisten an. Wenn es ihnen gelingt, in diese Bubbles hineinzugelangen, haben sie leichtes Spiel, auch in die Köpfe der Menschen einzudringen. Unter dem Deckmantel frei zirkulierender „Information" verbreiten Interessengruppen dann gezielt Desinformation, Fakes und Unwahrheiten, die sich durch stete Wiederkehr in der Blase anreichern, bis sie den Usern als

„Wahrheit" oder Normalität erscheinen. Rechtsextreme, Reichsbürger oder Pegida-Anhänger, Klimawandel- und Coronaleugner, aber auch ganze Staaten (wie etwa Russland mit seiner Auslandspropaganda) oder terroristische Bewegungen sind damit in den Sozialen Medien überaus erfolgreich.

Soziale Medien können, ganz anders als ihr Name verheißt, zur Plattform von Hass, Unterdrückung und Unmenschlichkeit werden. So filmte die palästinensische Hamas ihre Gräueltaten beim Überfall auf Israel am 7. Oktober 2023 und lud die Videos triumphierend auf Telegram hoch. Von dort aus verbreiteten sie sich in Sozialen Medien weiter. Nicht nur die um Demokratie ringenden Frauen im Iran nutzen Soziale Medien für ihre Zwecke, sondern auch die gnadenlos knüppelnden Revolutionsgarden des Regimes. Und in den USA möchten Republikaner wie Demokraten das Social-Media-Unternehmen TikTok verbieten, weil die Tochter des chinesischen Konzerns Byte-Dance im Verdacht steht, ihre eigenen Mitarbeiterinnen und Mitarbeiter ebenso wie US-Bürger mit der App politisch auszuspionieren.

Aus den Medien eines freien demokratischen Informationsflusses können also leicht Medien der Unfreiheit werden und politische Gewalt über Menschen begünstigen. Zugleich liefern sich die Nutzer sozialer Medien – oft unfreiwillig, oft aber auch nur allzu leichtfertig – den wirtschaftlichen Interessen der Internetkonzerne aus, wenn sie ihre privaten Daten bedenkenlos freigeben. Gerade im Privaten hat das Internet die Kultur menschlicher Beziehungen vielleicht noch stärker beeinträchtigt und seine Schattenseiten offenbart. Soziale Medien halten ihre Nutzerinnen und Nutzer nachgerade in psychischer Geiselhaft: In einer Studie der Universität Hohenheim mit 18- bis 49-Jährigen gaben vier von zehn Befragten an, ihr Mobiltelefon noch abends mit ins Badezimmer zu nehmen. Acht von zehn legten es nachts in ihr Schlafzimmer. Von ihnen nutzten es fast 100 % dann auch noch im Bett, vor allem, um Messengerdienste und Soziale Medien zu „checken". Drei Viertel ließen das Gerät eingeschaltet, während sie schliefen, und zwei von zehn klagten über starke Einschlafstörungen.

Langfristig veringert diese pausenlose Abhängigkeit Tag und Nacht offenbar die Konzentration bzw. Konzentrationsfähigkeit: Nach einer Studie der Universität Bonn verharren Smartphone-User gerade einmal acht Sekunden bei einem Thema, wenn sie auf ihrem Gerät scrollen. Dass sie bei Konzentrationstests schlechter abschneiden, sobald ihr Gerät griffbereit neben ihnen liegt, selbst wenn es ausgeschaltet ist, fand die Uni Paderborn heraus. Und wer beobachtet, wie Menschen reihenweise in der U-Bahn oder der Mensa stumm und voneinander isoliert auf ihre Smartphones starren, hat Verständnis für jenen Berliner Kneipenbesitzer, von dem eine Autorin in der *tageszeitung* berichtete. Er hatte in seinem Lokal eine Tafel aufgestellt, auf der ganz altmodisch mit Kreide geschrieben stand: „Wir haben kein WLAN! Redet miteinander! Tut so, als wäre es 1995!"

Es ist schon paradox: Was soziale Kommunikation tatsächlich auf befreiende Weise erleichtern kann, führt auch zur Blockade von sozialer Kommunikation. Überdies begünstigt das Internet mit seinen Selfies, Blogs und Chats eine Kultur der Eigen-PR, des Narzissmus und (siehe Chatbot Randy) der sozialen Illusion. Der werbenden PR von Unternehmen und ihren Profitinteressen hält es ohnehin Tür und Tor offen. Und in seinen schlimmsten Auswüchsen erlaubt und erleichtert es Schmähungen, Mobbing und Hass auf andere – die Berichte darüber sind Legion.

Zu grenzenlosem Optimismus ist also kein Anlass. Kultur und Kommunikation sind immer anfällig für Unkultur. Der freie Fluss von Information (das ist bei Netzmedien nicht anders als bei analogen Medien) führt stets über gefährliche Klippen und Stromschnellen. Dennoch ist dieser freie Kommunikationsweg der Weg der Zukunft. Wie sehr das Internet neben allen Gefahren die Kultur bereichert und zu ihrer Verbreitung beiträgt, zeigt ein Blick auf seine Leistungen speziell auf künstlerischem Gebiet und bei der Bildung.

Internetmedien verbreiten Kultur

Wie viele Menschen in Deutschland spielen Computerspiele? Wie hieß noch mal die erste weltweit über Satellit ausgestrahlte TV-Sendung 1967, in der die Beatles *All you need is love* sangen? Um solche und ähnliche Fragen zu beantworten, habe ich für dieses Buch natürlich auch Internetquellen angezapft. Die größte Info-Plattform im Netz ist Wikipedia. Und sie ist wohl die genialste Form der Bereitstellung von Wissen und damit der Verbreitung von Kultur, die der Menschheit bisher gelungen ist. Zumindest der Idee, ein Online-Lexikon nicht nur für alle, sondern von allen bereitzustellen, kann man Genialität nicht absprechen. 2001 gegründet und von einer gemeinnützigen, spendenfinanzierten Stiftung von San Francisco aus betrieben, hält die elektronische Enzyklopädie Wikipedia weltweit über 60 Mio. Artikel in 300 Sprachen bereit. Sie befreit nicht nur die Bücherregale und Archive von tonnenschwerer Last, sondern ist auch kostenlos zugänglich. Wikipedia ist lizenzfrei, wird täglich aktualisiert, und die Beiträge enthalten eine Vielzahl von Links zu weiteren Quellen. Das ist unschlagbar. Vor allem aber beruht seine kulturelle Leistung auf dem Prinzip der Partizipation und der „kollaborativen Texterstellung": Jede und jeder kann neue Einträge verfassen, vorhandene Einträge ergänzen oder korrigieren, ohne als Autorin oder Autorin hervorzutreten. Sogenannte Diskussionsseiten ermöglichen jedoch den Kontakt mit den Verfassern.

Metaphorisch könnte man sagen, Millionen von Einzelpersonen liefern Tag für Tag die Ernte ihres Wissens in einem für alle offenen Bildungs-Silo ab. Sie kontrollieren zugleich, was andere abliefern, sortieren gemeinsam schadhafte „Ware" aus, sorgen für gute Lagerung. So halten sie einen unendlichen Wissensspeicher der Menschheit vor, den es in dieser Form noch nie gegeben hat – eine digitales Kulturerbe. Jeden Tag suchen über eine Million Menschen in Deutschland bei Wikipedia allein nach medizinischen Einträgen. Laut *New York Times* riefen 2014 weltweit jeden Monat eine halbe Milliarde Menschen 15 Mrd. Wiki-Seiten auf.

Die Skepsis, Wikipedia verbreite dabei massenhaft Halbwissen und Fehler, ist eher unbegründet, wie unter anderem ein Vergleich mit Einträgen in der konventionellen *Encyclopædia Britannica* ergab – das Prinzip steter Überabeitung und Kontrolle durch jedermann sorgt offensichtlich in aller Regel für die Beseitigung von Unzulänglichkeiten und Irrtümern. Dennoch hat das Bild vom Wissensspeicher der Menschheit auch Flecken. So kann es zu heftigen Auseinandersetzungen um Bearbeitungen und Veränderungen oder gar zu bewussten Verfälschungen kommen. Vor allem ist der Kreis der Menschen, die mit eigenen Beiträgen an der Weitergabe von Wissen partizipieren, (noch?) vergleichsweise klein. Immer wieder aktiv werden nur einige wenige. Damit können sich erneut Wissenseliten herausbilden und Interessengruppen zu Wort melden, die mit ihrer Informationsmacht das kollektive Wiki-Prinzip unterhöhlen. Doch auch die Möglichkeit, Wikipedia nur passiv als Lexikon-Leser zu nutzen (wie es bei Weitem die meisten Menschen tun), kann ja Grundlage gesellschaftlicher Partizipation sein und ist nicht gering zu schätzen.

Zahlreiche andere Online-Lexika sind, von Wikipedia inspiriert, seitdem entstanden, auch auf lokaler Ebene („Stadt-Wikis"). Dazu kommen lexikalische Wissensangebote auf unzähligen weiteren Plattformen von Vereinen, Kommunen, Non-Profit-Organisationen oder anderen Institutionen. Aber nicht nur als Wissenslieferant ist das Internet ein Kulturfaktor ersten Ranges. Es ist auch der moderne Umschlagplatz zur Vermittlung traditioneller künstlerischer Inhalte. Auf die Verbreitung von Filmen und Musik im Netz haben wir bereits hingewiesen. Die Möglichkeiten, digital Musikstücke aufzufinden und kennenzulernen, sind zum Beispiel bei YouTube schier grenzenlos. Zugleich wachsen einmalige elektronische Archivbestände heran, wie zum Beispiel die „Digital Concert Hall" der Berliner Philharmoniker. Per Live-Stream oder als Aufzeichnung lassen sich hier die Aufführungen des Orchesters weltweit über das Internet mitverfolgen. Auch auf historische Konzerte kann man zugreifen.

Während der Corona-Pandemie entstanden Modelle der Partizipation wie „#Corona-Spezial: Das Online-Orchester": Weltweit musizieren Musiker und Sänger aus vielen Nationen im Netz gemeinsam. Für Jam-Sessions von Jazzern existieren etliche Computerprogramme. Mit anderen zusammen im Chor singen kann man über das Internet ebenfalls vom heimischen Wohnzimmer aus („Rudelsingen"). Das war in der Pandemie für die Kulturarbeit mit Laien von großem Wert. Überhaupt haben kulturelle Initiativen von Nicht-Profis durch das Internet Möglichkeiten, sich zu präsentieren und miteinander in Kontakt zu treten, die es früher nicht gab: Das Amateur-Kammerorchester in Niederbayern kann sich im Netz genauso vorstellen wie die Schultheater-AG aus dem Vogtland oder die Hobbykünstlerin auf der Insel Föhr.

Auf neue Potenziale der Vermittlung klassischer Bildender Kunst im Netz hat die Hildesheimer Professorin und Kuratorin Fiona McGovern hingewiesen. So können Museen ihre aktuellen Ausstellungen heute online stellen oder in Sozialen Medien teilen. Die Website „Contemporary Art

Daily" zeigt täglich Ausstellungen junger Kunst weltweit. In Frankfurt am Main ermöglicht es das Städelmuseum, digital sämtliche Kunstwerke aus seinem riesigen Depot über eine Onlinedatenbank zu betrachten – in den eigentlichen Ausstellungsräumen kann das Museum dagegen gerade mal ein Prozent seiner Bestände physisch zeigen. Plattformen wie „Google Arts and Culture" oder „Europeana" laden ein zu virtuellen Rundgängen durch internationale Galerien und Museen mit vielem Begleitmaterial. Das Amsterdamer Rijksmuseum erlaubt es Internetnutzern sogar, sich aus seinen digitalisierten Beständen thematische Alben zusammenzustellen, also gleichsam selbst Ausstellungen zu kuratieren und zu teilen. Auch die Weiterverwendung von digitalisierten Bildern zu persönlichen Zwecken (etwa für den Druck auf einem T-Shirt) ist möglich. Und der Hashtag „#museumselfieday" lädt Museumsbesucher ein, an bestimmten Tagen Selfies von sich vor einem Kunstwerk anzufertigen und ins Netz zu stellen.

Zahlreiche weitere Verbreitungsformen von Bildender Kunst im Internet ließen sich ergänzen. Man mag einige davon als Schritt hin zur Kommerzialisierung von Kunst kritisieren. Ohne jeden Zweifel aber können diese medialen Verbreitungswege auch Interesse für Kunst wecken. Und sie können dazu beitragen, die Scheu vor einem Museumsbesuch sowie Bildungsbarrieren zu überwinden.

Junge Laienkünstler haben sich im Netz zahllose eigene Foren geschaffen, z. B. „Fanart.de". Hier zeigen sie eigene Zeichnungen, „Linearts" zum Kolorieren oder „Paperchilds" von Medienstars, oft im Stil japanischer Mangas. Auch die gemeinsame Weiterarbeit an Vorlagen (*collaborations*) ist im Netz möglich. Hobbyautoren können Gedichte oder Kurzgeschichten bei „e-stories.de" oder „poetry.de" veröffentlichen. Für spezielle digitale Literaturformen existieren ebenfalls vielfältige Projekte und Plattformen. Auf die (jugend-)kulturelle Bedeutung von Comics, Video- und Computerspielen haben wir bereits in Kap. 4 hingewiesen. Nur zum Teil mit (laien-)künstlerischem Anspruch, dafür aber von unüberschaubarer Vielfalt und Verbreitung sind die Spielarten von Amateur-Videoclips, wie sie vor allem auf YouTube oder per App auf TikTok ausgetauscht werden. Ob sogenannte Egoclips (mit z. B. Tanz- oder Talentvorführungen), Funclips (Parodien, Spott über Missgeschicke), Artyclips, Fanclips oder Mediaremix-Clips – die Angebote auf einem Portal wie YouTube sind grenzenlos. Ihre mimetische (nachahmende) Darstellungskraft, so schreibt die Frankfurter Professorin für Neue Medien Birgit Richard, sei eine „pragmatische alltagskulturelle Leistung". Das kann man vor allem den Remix-Clips und den sogenannten Memes nicht absprechen, wie sie auch auf TikTok zirkulieren: Bild-, Video- oder Textelemente aus dem Netz werden aufgegriffen, mit eigenen Zugaben angereichert, überformt und uminterpretiert, bevor sie zur weiteren Kommentierung durch andere wieder durch die Sozialen Medien wandern. Auch eigene neue Songs entstehen auf diese Weise.

Der Publizist und Blogger Sascha Lobo nannte Internet-Memes in der *ZEIT* „die größte kulturelle Einzelleistung meiner merkwürdigen Zwischengeneration, der Generation X". Manche dieser Memes haben tatsächlich kreativen und kritischen Ernst. Andere sind einfach unterhaltsam, wieder andere sind Ausdruck von Selbstüberschätzung, Narzissmus oder auch nur Quatsch. Kultur hat viele Gesichter. Das kommerzielle Kalkül freilich, das der Eigentümer-Konzern von TikTok mit seiner App verbindet, und das suggestive, „toxische" Prinzip, das Menschen auch an den Pranger stellen oder politisch lenken kann, stehen mit Recht in der Kritik. Sie führen wieder heran an die problematischen Zonen des Internets.

Internetmedien kritisieren Kultur

In Kap. 5 gingen wir aus gutem Grund ausführlich auf das herkömmliche Pressefeuilleton ein. Für Themenselektion und Textformen der Kulturberichterstattung ist es nach wie vor maßgeblich, auch in Veröffentlichungen des Internets. Dort halten natürlich die großen Leitmedien *FAZ, Süddeutsche Zeitung, Welt* oder *Neue Zürcher Zeitung* ihr Feuilletonangebot bereit. Das Onlinemagazin *Perlentaucher* führt täglich mit einer Presserundschau durch die Feuilletons der großen Zeitungen und veröffentlicht daneben Rezensionen vor allem von Büchern und Filmen. Auf Theater hat sich *Nachtkritik.de* spezialisiert. Die Rezensionen erscheinen dort bereits am Morgen nach der Premiere, was bewusst an die Blütezeit der Presse anschließt, als Zeitungen mehrmals am Tag erschienen. Jede Leserin und jeder Leser kann die Einschätzungen der Kritiker in einem *Nachtkritik*-Forum kommentieren.

Netzfeuilleton.de wiederum bietet ein Blog-Netzwerk an. Blogs sind wohl die wichtigste „feuilletonistische" Erscheinungsform der Kulturberichterstattung im Internet. Vier von zehn sogenannten Themenblogs (also von Blogs, die nicht nur private Gedanken enthalten, sondern gesellschaftliche Themen verfolgen) befassen sich mit „Kultur" und Medien. Das ermittelte eine Studie der Uni Hohenheim 2014. Schon durch Namen wie „Kaffeehaussitzer" verraten etliche dieser Blogs ihre Nähe zum traditionellen Zeitungsfeuilleton. Wie in der Presse dominieren in Kulturblogs die Kunstthemen Musik, Literatur, Theater, Bildende Kunst und Kino/Medien. Auch die aus der Presse übernommenen herkömmlichen Darstellungsformen herrschen vor: Eine umfangreiche quantitative Untersuchung von Musikblogs aus Hannover konnte aufzeigen, dass Rezensionen und Meldungen mit großem Abstand auch im Internet am häufigsten sind. Weit weniger verbreitet waren Reportagen oder Porträts, obwohl im Netz dafür ausreichend Platz vorhanden wäre.

Weitere Ähnlichkeiten mit dem Zeitungsfeuilleton sind auffällig: Den vielbeschworenen Negativismus der Medien etwa kann die Forschung auch für die Kulturberichterstattung in Themenblogs nicht belegen. Wie im Feuilleton der Presse (siehe Kap. 5) bewertet die Mehrheit der Rezensionen und rezensionsähnlichen Texte in Blogs Kulturereignisse positiv. Das gilt, wie Studien aus Hannover zeigten, insbesondere für Musikblogs und dürfte mit der hier wie in anderen Blogs kultivierten Subjektivität zusammenhängen. Eine vom eigenen Geschmack geleitete Arbeitsweise sowie der Empfehlungscharakter von Rezensionen lassen sich aber auch schon im herkömmlichen Feuilleton beobachten. 60 % aller Musikblogs werden außerdem von engagierten, eigene Leidenschaften auslebenden Einzelpersonen betrieben, was deutlich zurückweist auf die Ein-Personen-Redaktionen, wie sie in den Gründerjahren des Feuilletons im 18. Jahrhundert üblich waren.

Etwas grundsätzlich anderes scheint also mit den Blog-Feuilletons nicht entstanden zu sein. Gleichwohl werden neue Chancen und Möglichkeiten der Kulturberichte im Internet offensichtlich. Blogs sind, ernsthaft und professionell betrieben, natürlich grundsätzlich schneller und damit aktueller. Sie können sich leichter von redaktionellen Routinen und Zwängen freimachen und den Blick auf Neues lenken. So halten sie zwar an der feuilletonüblichen Kunstverbundenheit fest, viele Blogger sehen sich aber als Entdecker und Förderer von jungen, unbekannten Künstlern, die im traditionellen Feuilleton kaum eine Chance haben. So zeigten die quantitative Analyse von Popmusikblogs und eine Befragung von Musikbloggern in Hannover, dass es zu deren Anspruch gehört, musikalische „Nischenthemen" zu besetzen und Gruppen, Genres oder Subkulturen abseits des Mainstreams zu fördern. Das freilich macht sie auch wieder anfällig, interessengebunden zu schreiben und PR-Einflüssen zu erliegen.

Die meisten Blogger und Bloggerinnen sind journalistische Laien. Dass sie mit dem Internet ein Forum haben, „Kultur" nicht nur unbegrenzt rezipieren, sondern auch selbst bewerten und einordnen zu können, stellt zweifellos eine wünschenswerte Ausweitung von Öffentlichkeit dar. „Partizipation bedeutet, sich einen Platz für die eigene Artikulation zu suchen oder zu schaffen", heißt es in einer groß angelegten Studie über Online-Rezensionen und kulturelle Bildung, die Hildesheimer Forscherinnen und Forscher 2021 veröffentlicht haben. Die damit verbundene Hoffnung, es könnte sich eine neue, kulturell aktive und diskussionsfreudige Bildungsgemeinschaft im Netz herausbilden, musste die Studie allerdings relativieren und letztlich von einer „mäßig ausgeprägten Gemeinschaftlichkeit" sprechen. Nur jeder dritte „rezensive" Text in jeweils zehn untersuchten Literatur- und Kunstblogs zog nämlich einen Leserkommentar nach sich. Im Durchschnitt animierte ein Beitrag nur ein bis zwei Leserinnen und Leser zu Kommentaren. Kommentare auf Kommentare sind entsprechend noch seltener. Das mag auch damit zu tun haben, dass multimediale Möglichkeiten in den Kulturblogs noch nicht wirklich ausgenutzt werden, wie die Musikbloggerstudie aus Hannover ermittelte. Text und Bild dominieren, und die Interaktivität zwischen Autoren und Publikum ist eher spärlich. Kulturkommunikation bleibt also auf nachgerade klassische Weise im Netz oft eine Einbahnstraße. Ohnehin finden Blogs ein wesentlich kleineres Publikum, als man erwarten könnte. Nur etwa zehn Prozent der Deutschen nutzten 2022 nach den Daten der ARD/ZDF-Onlinestudie mindestens einmal wöchentlich Blogs, und ein großer Teil von ihnen dürfte in erster Linie private Tagebücher ansteuern.

Viele rezensierende Texte im Netz weisen zwangsläufig eine bescheidene, amateurhafte Qualität auf. Andere sind möglicherweise von Verlagen, Musikindustrie oder Online-Versandhändlern bestellt – solche Manipulationen, mit denen Unternehmen gern Agenturen beauftragen, sind für User schwer zu erkennen. Alles in allem kann das digitale Feuilleton also kein vollwertiger Ersatz für die Kritik in traditionellen Massenmedien sein. Aber als deren Korrektor, als komplementäre Stimme oder als Konkurrent „von unten" spielt es durchaus eine wichtige Rolle. Sie dürfte in den kommenden Jahren weiter an Bedeutung gewinnen.

7

Fazit und Ausblick

Kultur ist Kommunikation, ist Austausch von Zeichen und Symbolen in einer von Menschen gestalteten Welt. Umgekehrt gilt dann auch: Kommunikation ist Kultur. Das war unser Ausgangspunkt. Gesellschaftliche Kommunikation benötigt Medien als Träger. Wir haben verfolgt, wie die Menschheit im Laufe der Jahrtausende diese Kulturträger entwickelt und zu Massenmedien ausgebaut hat – von den Höhlenmalerein, den Versammlungen und frühen Priesterritualen über die Druck- und Funkmedien bis hin zu den Sozialen Medien der Gegenwart. Dank immer besserer Techniken haben Menschen mit ihrer Hilfe gelernt, die Welt zu erkunden, Wissen zu erweitern und zu verbreiten, Dörfer und Städte, Länder und Kontinente zu verbinden. Sie haben gelernt, soziale Zusammenhänge zu erkennen und transparent zu machen, Gesellschaften demokratisch auszubauen, Macht auszubalancieren und politisch zu kontrollieren.

© Der/die Autor(en), exklusiv lizenziert an Springer Fachmedien Wiesbaden GmbH, ein Teil von Springer Nature 2024
G. Reus, *Medien und Kultur*, Medienwissen kompakt,
https://doi.org/10.1007/978-3-658-44088-6_7

Massenmedien haben einen erheblichen Anteil an der Entwicklung und Vereinheitlichung der Sprache. Wir verdanken ihnen spezielle Kulturtechniken wie die Fähigkeit zur Kritik oder zur Recherche. Wir verdanken ihnen zahllose Möglichkeiten, Bildungsschranken zu überwinden. Mit ihrer Hilfe können wir an demokratischen Entscheidungsprozessen ebenso teilhaben wie an besonderen künstlerischen Leistungen, an Spiel- oder Sportereignissen. Massenmedien ermöglichen im besten Sinne kulturelle Aneignung. Sie ermöglichen Teilhabe an der Kultur *der* Demokratie ebenso wie an der Kultur *in der* Demokratie. Sie tragen bei zur Ausdifferenzierung von Lebensstilformen und Subkulturen und damit zur Vielfalt menschlicher Existenzweisen. Schließlich haben sie in der Feuilletonberichterstattung (auf ihr lag nicht umsonst ein Schwerpunkt in diesem Buch) eine einzigartige Form der kritischen Selbstbeobachtung, des „Selbstgesprächs der Zeit über sich selber" (Robert Prutz) geschaffen. Das Feuilleton fängt den Journalismus insgesamt wie in einem Mikrokosmos ein. Gerade in Deutschland kommt ihm bis heute eine herausragende Rolle zu – als tragende Säule kritischer bürgerlicher Öffentlichkeit.

Massenmedien sind ein wesentlicher Faktor von Kultivierung und Enkulturation. Beides bedeutet Anpassung an Gepflogenheiten, Ausformung von Haltungen zur Welt und von Wirklichkeitsbildern („Medienrealität"). Darin liegt auch eine große Gefahr. Je besser, reibungsloser und umfassender die Medialisierung unseren Alltag durchwirkt, um so größer die Wahrscheinlichkeit, dass Medien uns auch zur Anpassung im Denken und letztlich zur Unfreiheit im geistigen Austausch verleiten. Auch diese Gefahr der Verführbarkeit, der Uniformierung, der intellektuellen Verhärtung und der „Filterblasen" im Kopf gehört nolens volens zur Kultur. Immer hatte sie auch gesellschaftliche Unkultur im Schlepptau. So wie die Freiheit in einer offenen Gesellschaft stets mit den Verfechtern der Unfreiheit kämpfen muss, so müssen Medien sich mit Desinformation, Lügen, Hass, Propaganda und Demagogie auseinandersetzen, die an sie herantreten und auf sie einwirken. Immer wieder in Geschichte und Gegenwart haben sie diese Auseinandersetzung verloren oder sich freiwillig unterworfen. Obwohl kulturelle Errungenschaft entwickelter Gesellschaften, haben sie sich instrumentalisieren lassen oder ihr Publikum mit Fälschungen aktiv eingewickelt.

Die Gefahr des politischen wie kommerziellen Machtmissbrauchs zu erkennen heißt nicht, „die" Medien zu verwerfen. Es heißt vielmehr, gegen den Geist der Unfreiheit und der Demagogie *in der Gesellschaft* anzugehen, der in die Medien hineindrängt.

Für mediale und kulturelle Fehlentwicklungen ist das Internet mit seiner schier grenzenlosen Freiheit besonders anfällig. Sein demokratisches, partizipatives Potenzial ist vielversprechend, wie wir gesehen haben. Seine Bildungs- und Wissensangebote sind unerschöpflich. Seine Erweiterung kommunikativer, also kultureller Möglichkeiten scheinen alte Menschheitsträume in Erfüllung gehen zu lassen. Doch vor allem die Sozialen Medien können die Menschen in ihrem Alltag auch „kulturell versklaven". Gefährlicher noch für die Gesellschaft: Sie werden immer wieder zu Einfallstoren ungeprüfter, gesteuerter und manipulierter Information.

Doch auch hier gilt: Missbrauch ist der Preis der Freiheit. Wie sich dieses Dilemma künftig vergrößern oder verringern wird, ist schwer vorauszusagen. Auch ob und wie sich die Grenzen von privater und öffentlicher Kommunikation weiter verschieben werden, bleibt abzuwarten. Vor allem die derzeitige Ausbreitung Künstlicher Intelligenz (KI) im kommunikativen Alltag macht Prognosen schwierig. Den Untergang der Kultur sollte dennoch niemand befürchten. Solange der Mensch ein „homo ludens" und zugleich ein soziales, auf Kontakt mit anderen Menschen angewiesenes Wesen bleibt, wird er Massenmedien auch zum Guten, also zu Austausch, Verständigung, Bildung und Spiel und zur Vermittlung seiner ästhetischen Fähigkeiten zu nutzen verstehen.

Ausgerechnet die Social-Media-Plattform TikTok – als besonders „toxisch" umstritten und der politischen Ausspionierung verdächtig – macht da Ende 2023 Hoffnung. Laut dem *Globalen Buchmarkt Report* sind die Umsätze der Buchbranche 2022 in Deutschland nicht zurückgegangen, sondern wieder gestiegen. Das liegt an höheren Buchpreisen, aber auch daran, dass wieder mehr Bücher verkauft werden. Und das könnte auf TikTok zurückzuführen sein. Überall auf der Welt rezensieren und empfehlen neuerdings junge Menschen unter dem Hashtag „#booktok" Literatur, darunter nicht nur Genres wie Fantasy oder Krimis, sondern auch Klassiker wie Franz Kafka oder Jane Austen. Verlage reagieren erfreut auf den Trend, Buchhandlungen stellen eigene Thementische auf. Seit der Pandemie seien die sehr persönlich und emotional gehaltenen „booktok"-Videos weltweit über 160 Mrd. Mal angeklickt worden, schreibt die *ZEIT*. Die Wochenzeitung zitiert die Studentin Valentina Vapaux, eine der neuen Star-Buchkritikerinnen der TikTok-Szene, mit den Worten: „Die Generation, die da unterwegs ist, wird weiterlesen."

Was für ein schöner letzter Satz.

Zum Weiterlesen

Eagleton, Terry (²2001). Was ist Kultur? Eine Einführung. Aus dem Englischen von Holger Fliessbach. München: C. H. Beck.
Das Buch des britischen Literaturwissenschaftlers erläutert Genese und Entwicklung der Begriffe „Kultur" und „Zivilisation". Politische und philosophische Zusammenhänge beschreibt Eagleton, ein Vertreter der sogenannten Cultural Studies, mit zahlreichen anschaulichen Beispielen. Seine Darstellung will dazu beitragen, eine „quälend enge", nur auf die Künste bezogene Idee von Kultur zu überwinden.

Farin, Klaus (2001). generation-kick.de. Jugendsubkulturen heute. München: Beck 2001.
Anschaulicher und leicht zu lesender Überblick über subkulturelle „Szenen", ihre geschichtliche Entwicklung und Vielfalt.

© Der/die Herausgeber bzw. der/die Autor(en), exklusiv lizenziert an Springer Fachmedien Wiesbaden GmbH, ein Teil von Springer Nature 2024
G. Reus, *Medien und Kultur*, Medienwissen kompakt,
https://doi.org/10.1007/978-3-658-44088-6

Faulstich, Werner (2006). Mediengeschichte. Band 1: Von den Anfängen bis 1700. Mit 39 Abbildungen. Band 2: Von 1700 bis ins 3. Jahrtausend. Mit 27 Abbildungen. Göttingen: Vandenhoeck & Ruprecht.
Der frühere Lüneburger Hochschullehrer gibt einen leicht zu lesenden Überblick über die lange Geschichte der Medien als Teil der Kulturgeschichte. Wenngleich in seiner Systematik etwas ungewöhnlich (so ordnet der Verfasser auch die „Frau" oder die „Wand" als Medium ein), ist dieses Buch eine anregende Einführung, die sich mit Kontrollfragen und Übungsaufgaben gut zum Selbststudium eignet.

Frank, Bernward/Maletzke, Gerhard/Müller-Sachse, Karl-H. (1991). Kultur und Medien. Angebote – Interessen – Verhalten. Eine Studie der ARD/ZDF-Medienkommission. Baden-Baden: Nomos.
Wie die Studie von **Volpers und Weiss** ist das Datenmaterial dieser umfangreichen, mehrteiligen Untersuchung veraltet. Überdies bezieht sie zwar Hoch- und Populärkultur, aber nicht Alltagskultur ein, sondern beschränkt sich ausschließlich auf Kunstgenres. Das Hauptkapitel mit Ergebnissen einer repräsentativen Befragung des „Kulturpublikums" und seiner Interessen ist gleichwohl immer noch interessant und lesenswert.

Haas, Hannes (1999). Empirischer Journalismus. Verfahren zur Erkundung gesellschaftlicher Wirklichkeit. Wien: Böhlau.
Quellenreiche Darstellung von Geschichte und Theorie des Qualitätsjournalismus. Dessen Verfahren – ein „Erkundungs- und Erkenntnissystem der Gesellschaft" – ordnet Haas als „Kulturleistung" ein, die der Kunst und der Wissenschaft ebenbürtig ist.

Hepp, Andreas (2011). Medienkultur. Die Kultur medialisierter Welten. Wiesbaden: VS Verlag für Sozialwissenschaften.
In intensiver Auseinandersetzung mit Forschungsliteratur (und nicht frei von terminologischem Ballast) ringt Hepp um den Begriff der Medienkultur bzw. Medienkulturen. Er versteht sie als Kulturen, deren „primäre Bedeutungsressourcen" durch „technische Kommunikationsmedien" vermittelt werden und die somit zeitlich, räumlich und sozial unterschiedlich „mediatisiert" sind.

Hepp, Andreas/Krotz, Friedrich/Thomas, Tanja (Hrsg.) (2009). Schlüsselwerke der Cultural Studies. Wiesbaden: VS Verlag für Sozialwissenschaften.
Sammelband mit 25 Beiträgen, in denen Autoren aus unterschiedlichen Fächern die Ansätze und Arbeiten von Vertretern der „Cultural Studies" skizzieren. Die Lektüre ist anspruchsvoll, gibt aber einen guten Überblick über dieses heterogene Feld, das – einem breiten Kulturbegriff entsprechend – außer von Medien- und Kommunikationswissenschaftlern auch von Soziologen, Pädagogen, Anthropologen oder Kulturwissenschaftlern theoretisch abgesteckt und praktisch erforscht wird.

Hugger, Kai-Uwe (Hrsg.) (2014). Digitale Jugendkulturen. 2., erweiterte und aktualisierte Auflage. Wiesbaden: Springer VS.
Der Band enthält 18 Aufsätze zu verschiedenen Facetten von Jugendkultur im Netz, unter anderem über die verschiedenen Kategorien von YouTube-Clips, über FanArt oder Spielerfiguren in virtuellen Welten.

Lamprecht, Wolfgang (Hrsg.) (2012). Weißbuch Kulturjournalismus. Wien: Löcker.
Der voluminöse Sammelband vereint 65 Beiträge, die die Entwicklungen und Spielarten des Gegenwartsfeuilletons reflektieren. Dies geschieht überwiegend in essayistischer Form, das Buch stellt aber auch empirische Forschungsergebnisse vor.

Nagy, Ursula (2013). Moderner Kulturjournalismus. Konstanz: UVK Medien.
In ihrer Erlanger Dissertation untersucht Nagy auf der Grundlage der Cultural Studies, wie unterschiedlich Presse, Fernsehen und Internet mit Phänomenen der Hoch- und der Populärkultur umgehen.

Reus, Gunter (1999). Ressort: Feuilleton. Kulturjournalismus für Massenmedien. 2., überarbeitete Auflage. Konstanz: UVK Medien.
Praxisnahes Handbuch des Feuilletonjournalismus mit seinen thematischen wie formalen Defiziten und Möglichkeiten.

Reus, Gunter/Harden, Lars (2015). Noch nicht mit der Kunst am Ende. Das Feuilleton setzt wieder deutlicher auf angestammte Themen und zieht sich aus dem politischen Diskurs zurück. In: Publizistik, Band 60, Nr. 2, S. 205–220.
Der Beitrag stellt die Ergebnisse einer Langzeitstudie zum Zeitungsfeuilleton vor. Zwischen 1983 und 2011 wurden Umfang, Themen, Formen und Wertung der Kulturteile deutscher Tageszeitungen untersucht. Es zeigte sich, dass zwar die Zahl der Beiträge 2011 deutlich zurückgegangen war, deren Länge aber zugenommen hatte. In den Lokalblättern nahm das Feuilleton nicht weniger, sondern mehr Raum ein als in den Jahren zuvor. Kunstthemen dominier-

ten über den gesamten Zeitraum deutlich, der Tenor der Rezension fiel 2011 weniger kritisch aus als früher.

Schönhagen, Philomen/Meißner, Mike (2021). Kommunikations- und Mediengeschichte. Von Versammlungen bis zu den digitalen Medien. Köln: von Halem.
Kompakter, aktueller und gut lesbarer Überblick über die Entwicklung menschlicher Kommunikation als soziale, kulturelle und technische Errungenschaft (mit vielen Bezügen zur Schweizer Mediengeschichte).

Stegert, Gernot (1998). Feuilleton für alle. Strategien im Kulturjournalismus der Presse. Tübingen: Niemeyer.
Ehrgeizige, ressortübergreifende Bestandsanalyse kulturjournalistischer Presseinhalte, die methodisch hier und da angreifbar, in ihren Einzelbefunden aber sehr lesenswert ist.

Stiegler, Christian/Breitenbach, Patrick/Zorbach, Thomas (Hrsg.) (2015). New Media Culture: Mediale Phänomene der Netzkultur. Bielefeld: Transcript.
Die von Karlsruher Wissenschaftlern zusammengestellte Anthologie beinhaltet 16 Aufsätze. Sie beleuchten Netzkultur in ihrer ganzen Bandbreite und Diversität. Das Spektrum reicht von digitalen Medientheorien über Memes, Selfies, Shitstorms, Netiquette, Big Data bis hin zu Fragen der Medienkompetenz.

Stöber, Rudolf (2013). Neue Medien. Geschichte. Von Gutenberg bis Apple und Google. Medieninnovation und Evolution. Bremen: edition lumière.
Umfangreiche und leicht zugängliche Darstellung von Medieninnovationen seit der frühen Neuzeit. Stöber hebt vor allem ihre technisch-kulturellen Verdienste hervor.

Volpers, Helmut/Weiss, Hans-Jürgen unter Mitarbeit von Wolfgang Büning und Joachim Trebbe (1992). Kultur- und Bildungsprogramme im bundesdeutschen Fernsehen. Begriffsdiskussion und Programmanalyse. München: Bayerische Landeszentrale für neue Medien (BLM). Analyse der kulturellen Programminhalte öffentlich-rechtlicher und privater Fernsehanbieter. Sie ringt wie alle Studien dieser Art mit der Einordnung von Themen und Formaten in die Kategorien „Kultur" und „Bildung". Obwohl in die Jahre gekommen, hält sie immer noch interessante Vergleichszahlen und Größenordnungen bereit.

Glossar

Agenda Setting Hypothese in der Kommunikationswissenschaft, wonach die journalistische Auswahl von Themen, ihre Gewichtung und ihre Präsentation (**Medienagenda**) erheblichen Einfluss darauf haben, was das Publikum als gesellschaftlich relevant empfindet (**Publikumsagenda**).

Alltagskultur Lebensäußerungen, Praktiken und Gebräuche einer Gesellschaft, die gemeinhin nicht als Kunstkultur oder ›**Hochkultur** gelten. Dazu zählen Mode und Design, Essen und Trinken, Unterhaltungs- und Popmusik, Gruppenrituale und Feste, Gaming, Krimi-Lektüre, private Fotografie, Hobbys und vieles mehr. Häufig spricht man auch von ›**Massenkultur** (›**E-Kultur, U-Kultur**).

Blog Online-Veröffentlichung von Einzelpersonen oder Gruppen, Firmen und Verbänden. Blogs können in der Art eines privaten Tagebuchs chronologisch fortlaufende persönliche Aufzeichnungen enthalten, aber auch zu gesellschaftlichen Themen Stellung nehmen und einer redaktionell gestalteten Online-Zeitschrift ähneln. Instagram oder X sind sogenannte **Microblogging**-Plattformen.

G. Reus, *Medien und Kultur*, Medienwissen kompakt, https://doi.org/10.1007/978-3-658-44088-6

Cultural Studies   Summarische Bezeichnung für (oft gesellschaftskritische) Forschungsarbeiten unterschiedlicher Disziplinen. Diese Arbeiten analysieren vor allem Formen der Unterhaltungs- und ▸**Alltagskultur**. Im Mittelpunkt steht Kultur als aktiver Aneignungsprozess, zum Beispiel von jugendlichen Mediennutzern.

Duales System   Nebeneinander von öffentlich-rechtlichem und privatem Rundfunk.

E-Kultur, U-Kultur   Diese problematischen, aber weithin gebräuchlichen Kategorien sollen die vermeintlich *e*rnste ▸**Hochkultur** und die sogenannte *U*nterhaltungs- oder ▸**Massenkultur** voneinander unterscheiden. Die Trennung spielt vor allem in der Musik eine Rolle und geht zurück auf unterschiedliche Aufführungsvergütungen: U-Musik (zum Beispiel Schlager oder Pop) bringt Urhebern weniger Tantiemen ein als E-Musik (zum Beispiel Sinfonik oder Oper).

Enkulturation   Prozess, in dessen Verlauf das Individuum durch Erziehung, Bildung und mediale Erfahrungen in eine Gesellschaft hineinwächst und deren Leitbilder und Normen übernimmt (▸**Kultivierung durch Medien**).

Feuilleton   Damit ist in erster Linie der Kulturteil bzw. die Kulturredaktion von Zeitungen gemeint. Der Begriff bezeichnet aber auch einen stilistisch besonders ausgestalteten Beitrag verschiedenen Inhalts (Gerichtsfeuilleton, politisches Feuilleton, Reisefeuilleton) oder eine erzählerisch verdichtete Textform im Journalismus.

Gelehrte Journale   Zeitschriften der frühen Aufklärung, die für ein gebildetes Publikum Neuheiten aus der Welt der Wissenschaft vorstellten. Sie können als Vorläufer der heutigen Fachzeitschriften gelten.

Grundversorgung: ▸**Kulturauftrag**.

Hochkultur   Zum einen ein Terminus, der künstlerische Ausdrucksformen (Ballett, Oper, Belletristik usw.) von der ▸**Alltagskultur** abheben soll. „Hochkultur" nennt man aber auch entwickelte Gesellschaftsformen, meist aus früheren Epochen (z. B. die Kultur der Inka oder das Ägypten der Pharaonen).

Homo ludens Titel eines Buches von Johan Huizinga (1938). Der niederländische Kulturwissenschaftler vertrat darin die These, dass Kultur im Spiel entsteht und der Mensch im Spielen (lat.: *ludere*) seine Fähigkeiten erkennt und entfaltet.

Infotainment Gewollte Vermengung von Information und Unterhaltungselementen, um ein größeres Publikum zu erreichen.

Kognitive Dissonanz Gefühlszustand, der sich einstellt, wenn das persönliche Verhalten den eigenen Einsichten oder Erwartungen widerspricht. Beispiel: Man raucht, obwohl man weiß, dass Rauchen für die Gesundheit schädlich ist.

Konnektivität Soziale Vernetzung/Verbindung der Menschen durch digitale Systeme.

Kritik Im allgemeinen Sinne die prüfende, analytische Beurteilung eines Sachverhalts. Im Redaktionsalltag steht der Begriff in der Regel für die ›**Rezension** künstlerischer Ereignisse oder Werke. Mitunter gilt „Kritik" aber auch als tiefer gehende Auseinandersetzung mit einem Kunstgegenstand. Dann wird sie von der tagesaktuellen, oberflächlicheren Rezension abgegrenzt oder als journalistisches *Verfahren* bzw. als journalistische *Haltung* von der *Textform* Rezension unterschieden.

Kultivierung, Kultivation durch Medien Auswirkung von Medienerfahrungen auf die Art, wie Menschen die Realität wahrnehmen. So können zum Beispiel ständige Gewaltszenen im Fernsehen einer gängigen Hypothese zufolge dazu führen, dass Zuschauer die Häufigkeit von Gewalttaten in der Gesellschaft überschätzen (›**Enkulturation**)

Kulturauftrag Der Begriff steht für die besondere kulturelle Verantwortung der öffentlich-rechtlichen Sender, eine „Grundversorgung" im Programmangebot des Rundfunks sicherzustellen. Diese Verpflichtung hat das Bundesverfassungsgericht in mehreren Entscheidungen betont. Es bezog sich dabei sowohl auf die gesellschaftliche und politische Kultur im Allgemeinen wie auf Bildung und Kunst, legte sich aber in der genauen Definition des Kulturauftrages nie fest.

Kulturhoheit der Länder   Deutschland ist ein Zusammenschluss von Bundesländern. Auf vielen Gebieten sind diese Länder weitgehend unabhängig von der Bundespolitik und verfügen über eine eigene Gesetzgebung und Verwaltung. Darunter fallen zum Beispiel Schulpolitik und Medienpolitik.

Kulturindustrie   So kennzeichneten die Denker der „Frankfurter Schule" (Adorno, Horkheimer) die Herstellung kultureller Produkte im Kapitalismus, bei der ihrer Ansicht nach Kommerz und massenhafter Absatz im Vordergrund und der kulturelle Wert im Hintergrund stehen.

Kulturkritik   Skeptische Beurteilung von Erscheinungsformen der Moderne, z. B. dem vermeintlichen Verfall von Moral oder Traditionen, von menschlicher Entfremdung oder Kommerzialisierung der Kunst. Diese ›**Kritik**, die auf eine lange Tradition zurückblickt (u. a. Rousseau und Nietzsche), kann Teil sowohl konservativer als auch linker Gesellschaftsanalyse sein (›**Kulturindustrie**).

Massenkultur: ›**Alltagskultur**.

Medialisierung   Bezeichnet die Anpassung kultureller Vorgänge und ihrer Akteure an Logik und Bedürfnisse der Massenmedien. Dazu gehört zum Beispiel die Inszenierung eines Parteitags oder eines Künstlerauftritts, um mehr mediale Aufmerksamkeit zu wecken, oder auch die Verlegung von Sportereignissen auf besonders quotenträchtige Sendezeiten. Im Mittelpunkt steht also die *Wirkung* öffentlicher Massenkommunikation. Gelegentlich wird dafür auch der Begriff ›**Mediatisierung** benutzt, der aber eigentlich für etwas anderes steht.

Mediatisierung   Kennzeichnet in den meisten kommunikationswissenschaftlichen Studien die Ausbreitung elektronischer Medien im Alltag und ihre aktive Aneignung im persönlichen Handeln (›**Cultural Studies**). Im Mittelpunkt steht also die *Nutzung* von Medien, z. B. von Mobiltelefonen.

Medienkultur   Der Begriff steht für die durch Medien geschaffene Vorstellung von kultureller Realität, auch für die „Mediatisierung von Kultur" (A. Hepp) (›**Mediatisierung, Medialisierung**). Er bezeichnet ferner ein Fachgebiet, das sich auch als Hochschuldisziplin mit den Wechselwirkungen von Medien und Kultur beschäftigt.

Medienrealität Das Bild von Realität, das Medien durch Nachrichtenauswahl und -präsentation konstruieren.

Memes Bilder, Videos oder andere digitale Elemente, die im Netz zirkulieren und von den Usern aufgegriffen, imitiert, satirisch umgeformt oder mit neuen, oft gesellschaftskritischen Informationen versehen werden. Aus diesem „Remix" entsteht ein anderer Bedeutungsgehalt, der dann wieder im Netz zirkuliert und auf neue Bearbeitung wartet.

Moralische Wochenschriften Unterhaltend-belehrender Zeitschriftentypus im 18. Jahrhundert, der sittliches und tugendhaftes Verhalten fördern sollte.

Nachrichtenfaktoren Bestimmte Merkmale eines Ereignisses wie z. B. Prominenz der Akteure, Nähe oder Konfliktgehalt des Geschehens. Nachrichtenfaktoren erhöhen die Wahrscheinlichkeit, dass Journalisten ein Ereignis vermelden.

Netzkultur Damit sind die Besonderheiten des kommunikativen Austauschs im Internet mit seinen Programmen und Plattformen gemeint (zum Beispiel ▸**Blogs** oder Chatforen).

Partizipative Kultur, Partizipationskultur Der Begriff bezeichnet die aktive Teilhabe oder Teilnahme von Einzelpersonen oder Organisationen an kulturellen Entscheidungen und Prozessen.

Rezension Die Rezension (lat. *recensere* = mustern, überdenken) ist eine publizistische Stellungnahme zu meist künstlerischen Ereignissen oder Werken. Rezensenten berichten von Theater- und Filmpremieren, Konzerten, Tonträgern, Ausstellungen, Modeschauen, neuen Bauwerken, Fernsehsendungen, Computerspielen, Software, Comics, Romanen, Sachbüchern, Graphic Novels u. Ä. Dabei vermengen sich Beschreibung, Analyse, Reflexion und Urteil. An keine besondere Bauform gebunden, kann die Rezension (auch: ▸**Kritik** oder **Besprechung**) Elemente anderer Textgenres enthalten, wie z. B. der Glosse, des Interviews oder der Reportage. Sie lebt vom Temperament und der subjektiven Sicht ihrer Autorinnen und Autoren.

Subkultur Oberbegriff für meist jugendliche Lebensstilformen, die sich z. B. über Musik, spezielle Freizeitbeschäftigungen, Kleidung, Frisur oder andere Symbole, aber auch durch politische Positionen von der „Mainstream"-Kultur abgrenzen. Zu solchen alternativen Lebensstilen werden häufig Punks, Hip-Hopper, Hacker, aber auch rechtsgerichtete Skinheads gezählt.

Uses-and-Gratifications-Ansatz Teilgebiet der Kommunikationswissenschaft, das erforscht, warum Menschen Massenmedien nutzen und welche Bedürfnisse und Erwartungen sie damit befriedigen möchten.

SPRINGER NATURE

GPSR Compliance

The European Union's (EU) General Product Safety Regulation (GPSR) is a set of rules that requires consumer products to be safe and our obligations to ensure this.

If you have any concerns about our products, you can contact us on ProductSafety@springernature.com

In case Publisher is established outside the EU, the EU authorized representative is:

Springer Nature Customer Service Center GmbH
Europaplatz 3
69115 Heidelberg, Germany

The manufacturer's authorised representative in the EU is Springer
Nature Customer Service Centre GmbH, Europaplatz 3, 69115 Heidelberg,
Germany. If you have any concerns regarding our products, please
contact ProductSafety@springernature.com

Printed and bound by CPI Group (UK) Ltd, Croydon, CR0 4YY
19/12/2025
02022904-0001